Manuela Oetinger

DIE AURA

Die Energiefelder des Menschen

Wie Gedanken und Energiefelder das tägliche Leben bestimmen

Aquamarin Verlag

1. Auflage 2022

Voglherd 1 • D-85567 Grafing

Umschlaggestaltung: Annette Wagner
Druck: CPI • Birkach

ISBN 978-3-89427-907-3

Manuela Oetinger: Die Aura – Die Energiefelder des Menschen

Inhalt

Vorwort

Auch in einer Zeit, in der immer mehr Menschen zu einer tiefen Spiritualität erwachen, darf es als seltener Glücksfall betrachtet werden, wenn Einzelne über eine so ausgeprägte seherische Gabe verfügen wie Manuela Oetinger, die Autorin dieses Buches. Vielleicht besaßen nur ihre zwei großen Vorgänger, Charles W. Leadbeater und Dora Kunz, eine ähnlich umfassende Kenntnis über die menschliche Aura.

Charles W. Leadbeater war der erste, der in seiner großen Monographie »Der sichtbare und der unsichtbare Mensch« die einzelnen Wesensaspekte des Menschen beschrieb und im Bild festhalten ließ. Durch seine Forschungen lernte der geistig interessierte Mensch erstmals zwischen physischem, ätherischem und astralem Körper zu unterscheiden. Leadbeater erklärte, wie Gedanken den Mentalkörper prägen und auf welche Art und Weise die Erlebnisse einer Inkarnation im Kausalkörper aufgespeichert werden.

Als Dora Kunz nach Australien ging, um mit Leadbeater zu arbeiten, war sie noch eine Jugendliche. Doch sie besaß schon in ganz jungen Jahren jene herausragende Hellsichtigkeit, die ihr dann ein Leben lang eine Existenz in zwei Welten ermöglichte. Sie wurde Leadbeaters engste Mitarbeiterin und setzte seine Forschungen über die menschliche Aura in kongenialer Weise fort. Über siebzig Jahre beobachtete sie zahllose Auren von Menschen aller Gesellschaftsschichten und Berufszweige. Ihren einzigartigen Erfahrungsschatz fasste sie dann in dem monumentalen Bildband »Die Aura« zusammen. Achtzig Jahre nach der Veröffentlichung von

Leadbeaters Studie über den »unsichtbaren Menschen« stellte es gewissermaßen die zweite Stufe der Aura-Forschung dar.

Es erscheint nicht vermessen, an dieser Stelle zu behaupten, dass die vorliegende Arbeit von Manuela Oetinger nunmehr die dritte Phase einleitet. Mit ähnlicher Begabung gesegnet wie Leadbeater und Dora Kunz, führt die Autorin in diesem Werk die Aura-Forschung in eine neue Dimension.

Es gelingt ihr, in beeindruckender Weise, aufzuzeigen, wie wirksam FELDER auf das menschliche Leben sind. Gedanken und Gefühle des Menschen bauen nicht nur kurzfristig bestehende Formen auf, sondern nähren gleichzeitig individuelle und über-individuelle Kraftfelder, die dann, je nach Prägung, von den ausgesandten Gedanken- und Gefühlsenergien gespeist und aufgeladen werden.

So wird der Gedanke der großen Einheit des Lebens unerwartet mit neuen Hinweisen bestätigt. Die Fallbeispiele in den nachfolgenden Analysen belegen, in welch außerordentlichem Maße jeder Mensch von Gedankenfeldern und Gefühlsgeflechten in seiner Umgebung mitbestimmt wird. Niemand lebt jemals *allein*. Alles wird von allem beeinflusst – und kein Mensch fühlt nur seine *eigenen* Gefühle oder denkt nur seine *eigenen* Gedanken. Jeder wird von zahllosen Feldern umgeben und durch diese mitgeprägt. Nur wer diesen Sachverhalt mental durchdringt, wird wach genug sein, um dann in einem Prozess meditativer Reflexion zu ermitteln, welche Gedanken und Gefühle *wahrhaft* zu seinem Wesenskern gehören und welche nur von außen auf ihn einströmen. Das Erwachen zum Verständnis dieses gesamten Geschehens ist von Belang, um überhaupt *bewusst* an die Lösung von Feldern oder Fremdprogrammen herangehen zu können.

Der besondere Wert der Forschungen von Manuela Oetinger liegt vor allem darin, diese Wachheit zu befördern und die vielen verschiedenen Felder aufzuzeigen.

Es bedarf, auch für den hellsichtigen Menschen, einer außerordentlichen Schulung und geistigen Disziplin, um die feinstoffliche Wirklichkeit so sorgfältig zu erforschen, dass die verschiedenen Kraftfelder, Gedankenformen und Wesenheiten aus dem Reich des Unsichtbaren heraustreten und in ihren Auswirkungen auf den Menschen nachvollziehbar werden.

Der Leser gewinnt bei der Lektüre dieses Buches eine erhellende Klarheit, auf welche Weise seine Gefühle und Gedanken bestimmte Kraftfelder erzeugen oder mit ernähren und auf welche Art und Weise diese dann wieder auf ihn zurückwirken. So wird das Wissen über »Die Aura des Menschen« zum Hilfsmittel, um die eigene Aura zu klären und frei zu werden von Fremdeinflüssen.

Möge dieses Buch in dieser Hinsicht zum Segen für viele werden!

Dr. Peter Michel

Einführung

Immer mehr Menschen fühlen und wissen in ihrem innersten Wesen, dass das Leben nicht nur von sichtbaren, sondern auch von unsichtbaren Dingen geprägt wird. Hinter aller Materie wirkt etwas Geistiges und Feinstoffliches, welches den Sinn und den Hintergrund des Lebens mit all seinen Erscheinungen überhaupt erst ausmacht.

Das Gefühl und das Wissen von der verborgenen Gegenwart einer höheren Ordnungskraft nimmt in den Gedanken und Wahrnehmungen vieler Menschen immer mehr Form und Gestalt an. Dies stellt eine schöne und wichtige kollektive Entwicklung dar und gibt Hoffnung, dass die noch dunklen Felder des Planeten durchlichtet werden und der Mensch noch bewusster an seiner geistigen Entfaltung arbeiten kann.

Viele Menschen verspüren eine tiefe Sehnsucht in sich und ein Ahnen, dass es Kräfte und Wesen gibt, die weit über die bisherigen Erfahrungen körperlicher Wahrnehmung hinausgehen. Diese Einsicht strömt aus der Seele hervor und möchte immer mehr in das Wachbewusstsein des täglichen Lebens rücken. Auch der Verstand möchte an diesen Dingen teilhaben und öffnet sich immer mehr den Inspirationen aus einer geistigen Ebene. Diese Hinwendung entspricht der Suche nach dem tieferen Sinn des Lebens und dem Streben nach einer innigen Verbindung mit den Vertrauen und Frieden schenkenden geistigen Kräften und Gesetzmäßigkeiten.

Das 21. Jahrhundert ist eine Zeit tiefgreifender Veränderungen und großer Möglichkeiten, um die persönlichen Lebenswege neu zu gestalten und einem höheren Ziel zuzuführen.

Überholte Weltanschauungen werden beiseite gelegt und die Lebensumstände aus einer erweiterten Sicht betrachtet. Alle spirituellen Einsichten deuten daraufhin, dass in der Zukunft auf diesem Planeten nur jene Bereiche bestehen bleiben können, die sich in der Ausrichtung auf die und in Harmonie mit der Schöpferkraft befinden. Das mag in diesen scheinbar so wirren Zeiten seltsam und vielleicht unglaublich erscheinen, und dennoch führen die Energieströme und Veränderungen zielstrebig dieser Anpassung entgegen. So kann man in den Gewaltakten und unbarmherzigen Geschehnissen, die sich zurzeit auf der Erde abspielen, die Auswirkungen von Feldern erkennen, die sich in der Aura des Planeten befinden. Ebenso vollzieht es sich auch mit der Aura des Menschen. Wie im Großen, so auch im Kleinen.

Obwohl sich auf diesem Planeten in der jetzigen Zeit viele Gewaltakte und eine erschreckende Lieblosigkeit an die Oberfläche schieben und ausleben, ist doch bei vielen Menschen eine große Bewusstseinsveränderung zu erkennen.

Mögen die derzeitigen radikalen Veränderungen auch bei vielen Menschen für große Unruhe und Unsicherheit sorgen, der Hintergrund für diese »Aufräumaktion« ist jedoch bedeutend größer, als sich im ersten Moment erkennen lässt. So zeigt sich langsam aber sicher in immer mehr Bereichen, dass Strukturen, wenn sie nicht auf die neue Zeit der Liebe und Gemeinsamkeit ausgerichtet sind, vergehen und zum Teil auch unsanft aufgelöst werden. Dies trifft sowohl für große Firmen, ganze Länder wie auch für einzelne Menschen zu. Noch mag die sichtbare dunkle Seite scheinbar überwiegen und die Betrachtung einer Erhöhung der Lichtkräfte in ihrer Gesamtheit schwer fallen, dennoch ist die Schwingungserhöhung auf diesem Planeten unwiderruflich. Es ist ein Segen, dass die kommende Zeit eine neue Ausrichtung hervorbringen wird und höhere Kräfte sich intensiv einsetzen, damit dies auch gelingen mag. Mit viel Vertrauen und der Bereitschaft, den persönlich möglichen Beitrag dafür zu leisten, kann die Menschheit sich auf eine neue Zeit zubewegen.

Leider sind die geistigen Prinzipien und die Wirklichkeit der feinstofflichen Gegebenheiten weitgehend in Vergessenheit geraten und die Vertreter der bestehenden Machtverhältnisse sind noch dazu sehr bemüht, dies auch aufrechtzuerhalten, jedoch ist das tiefe Gefühl von der Wahrheit dieser Überzeugung dem Menschen eingeprägt und stellt das eigentliche Ziel seiner geistigen Suche dar.

So wird immer deutlicher, dass alles Geschehen im Leben eines Menschen seinen Ursprung in einer feinstofflichen bzw. geistigen Ursache nimmt. Diese tieferen Hintergründe zeigen sich im Bild der menschlichen Aura. Hier erkennt man die Ursachen aller Auswirkungen, die sich im täglichen Leben zeigen. Die feinstofflichen Körper mit ihren Auren beinhalten die gesamte Ausrichtung und alle Strukturen jedes menschlichen Wesens und geben ihm die Möglichkeit, durch bestimmte Erlebnisse im Alltag, diese zu erkennen und mit ihnen zu arbeiten.

Das vorliegende Buch möchte den Menschen nicht nur über den Verstand in Form von Wissen erreichen, sondern auch auf einer intuitiven Ebene. Diese eröffnet den Zugang zum wahren Sein des Menschen, schenkt ihm Erkenntnisse und lässt ihn innerlich reifen. Die äußere Welt, ihre Strukturen und ihre momentanen Aktivitäten geben ihm die Möglichkeit zu erkennen, wie er selber in seinem Inneren ausgestattet ist und wie das kollektive Erdenfeld in seiner Struktur zusammengesetzt ist. Das wahrhaftige Leben allerdings findet nicht in dieser veränderbaren Umgebung statt. »Mein Reich ist nicht von dieser Welt!« hat Christus überliefert. Und er fügte hinzu: »Ich gehe voraus, euch die Wege zu bereiten.«

Der Verstand kann eine große Hilfe und Unterstützung auf der Wahrheitssuche sein, jedoch erst die Erkenntnis auf der

Herzensebene, die tief in das feinstoffliche Dasein hineinreicht, schenkt Zugang zu einer inneren Wahrheit und lässt den Menschen erstarken auf seiner Suche nach dem tiefsten Grund allen Seins. Über diese Ebenen ist er mit dem Höchsten verbunden und über diese Zugänge kann er Informationen aus den geistigen Ebenen erhalten.

Dies setzt allerdings die Suche nach dem Geistig-Feinstofflichen voraus, die auch auf der Erkenntnis beruht, dass man durch Gedanken und Gefühle sein Leben selbst erschaffen und verändern kann und dadurch in die Lage versetzt wird, in sich eine positive, lichtvolle Energie zu erleben. Würde man die so genannte Schuld und Verantwortung für sein Leben einem anderen Menschen, z.B. durch Schuldzuweisung, übergeben, räumte man diesem die Möglichkeit der Kontrolle über einen selbst ein, besäße aber nicht mehr die Möglichkeit zur Veränderung. Die Energie würde in jenen Menschen strömen und nicht mehr von einem selbst verarbeitet werden können.

Der Inhalt dieses Buches möchte über den Verstand Informationen vermitteln, aber ebenso über die Schwingung des geschriebenen Wortes das innere, feinstoffliche Wesen des Lesers erreichen. Wenn das innere Wesen des Lesers berührt wird, kann ihn dies in die Lage versetzen, die Ebenen zu erkennen, welche aus geistiger Sicht den eigentlichen Sinn des Lebens ausmachen.

Die Aussagen in diesem Buch möchten frei und ohne den Anspruch nach alleiniger Wahrheit betrachtet werden, da Entwicklung immer fortschreitet und die verschiedensten Wege zum einen Ziel beschritten werden können. Diese Arbeit wurde mit dem Wunsch verfasst, der Leser möge stets kritisch sein und nur die Wahrheiten aus den vorgelegten Informationen entnehmen, die für ihn im Moment das Beste sind und von ihm als solche erkannt werden.

Nur über Erkenntnis und Bewusstwerdung ist es möglich, sich zu »ent-wickeln« und von straffen Strukturen zu lösen. Voranschreiten kann man dann, wenn man erkennt, dass die Geschehnisse um einen herum nicht zufällig geschehen, sondern dass allem ein tieferer Sinn zu Grunde liegt. Alle Ereignisse, die eintreten, stehen in Resonanz mit dem inneren Wesen und sollen dem Menschen etwas aufzeigen, entweder um eine Erkenntnis zu gewinnen, die Loslösung von Bindungen herbeizuführen oder um so genannte Altlasten abzutragen. Stets jedoch geschehen die Dinge aus Liebe, nicht um zu belasten. So sollte man kein Feld der Gegenwehr aufbauen und die Verarbeitung dadurch blockieren, sondern die entstehenden Situationen und die vorhandenen Gefühle annehmen und damit umgehen, im großen Vertrauen auf ein höheres Sein in Harmonie mit dem schöpferischen Strom des Lebens.

Jeder Mensch wird, wenn er es zulässt, immer unterstützt von seinem höheren Selbst und von ihn begleitenden Wesenheiten, die ihm auf seinem Weg beistehen möchten oder ihm für bestimmte Situationen gesandt werden. Stets jedoch können die ihn betreffenden Umstände über Reaktionen in seinem Gefühlsleben erkannt werden. Hat eine Situation, die man in der Außenwelt erlebt, nichts mit einem zu tun, wird sie einen auch nicht emotional treffen. Deshalb kann man sehr viel erreichen, wenn man die inneren Reaktionen, ausgelöst von einer äußeren Aktion, analysiert, um sie als solche zu erkennen und mit ihnen umzugehen.

Bewusstseinserweiterung ist nur dann möglich, wenn gleichzeitig auch an der persönlichen Klärung gearbeitet wird. Ansonsten wird etwa eine gedankliche Information, die auf telepathischem Wege übermittelt wurde, durch emotionale Strukturen, die sich in der Aura befinden, verfälscht, verändert oder gar nicht erst wahrgenommen.

Telepathie kann für jeden Menschen selbstverständlich werden. Je klarer er die Strukturen bzw. Energiekonzentrationen, die in der Aura abgelagert sind, erkennt, um so reiner können sich Energien offenbaren und telepathische Kommunikation stattfinden. Sehr viele Menschen erleben häufig Situationen, in denen sie ganz klar aus den feinstofflichen Ebenen informiert wurden, dass etwas geschehen soll. Sie hätten nur darauf hören müssen. So können kurze Gedankenblitze wie: »Fahre lieber rechts herum!« oder »Rufe deinen Bruder an!« Hinweise sein, die den Weg zeigen sollen, aber man hat nicht darauf gehört, weil man noch nicht gelernt hat, darauf zu vertrauen und mit den Gefühlen umzugehen, die für die genauere Wahrnehmung notwendig sind. Oft soll man auch für die geistige Welt etwas tun oder in Bewegung setzen, tut es aber nicht, weil man einfach nicht weiß, was vor sich geht und die tiefe Wahrheit dahinter noch nicht erkannt hat.

Man kann sich durch die Verbindung zu den höheren Kräften auf die Wahrheiten, Informationen und Ziele des Schöpferstromes ausrichten. Dies erfordert eine konsequente Arbeit an sich selbst sowie die Reinigung und Klärung des persönlichen Energiefeldes. Dadurch kann man sich in Harmonie mit allem Lebendigen einschwingen, und vielleicht wird es eines Tages so weit sein, dass alle Menschen in diesem Schöpfungsstrom ihre Erkenntnisse und Möglichkeiten wahrnehmen und eine telepathische Kommunikation stattfinden kann.

Die Materie, der Alltag sowie die Lebensumstände sind Ausdruck eines geistigen Hintergrundes und weisen einen Sinn und Auftrag auf. So erlebt jeder Mensch bestimmte persönliche Situationen so lange und so oft, bis er den tieferen Hintergrund erkennt und die eigene Lebensführung darauf ausrichtet. Zuerst wird er durch kleinere Informationen auf ein bestimmtes Muster hingewiesen; erkennt er dieses nicht, wird die Situation noch etwas intensiver ausgerichtet. Erkennt der

Mensch immer noch nicht, weil er nicht möchte oder zurzeit noch nicht bereit ist, wird der Hinweis deutlich intensiver, eventuell durch Krankheit, das Leben dramatisch verändernde Situationen oder sogar durch einen Unfall. Sobald aber der Hintergrund erkannt ist und die innere Einstellung auf den Strom der Liebe ausgerichtet ist, sind der Hinweis bzw. die bestimmte Situation nicht mehr nötig, da das Ziel erreicht ist.

Daher sagt der Volksmund: »Jetzt ist mir ein Licht aufgegangen!« Und es ist tatsächlich so. In der Aura sieht man deutlich ein strahlendes Licht, das die bisher verengten und verkrampften Strukturen des bestimmten Bereiches aufzulösen beginnt. Die heilsame Kraft durchdringt wie ein Strom aus den höheren Ebenen die Auren und strahlt in warmer und ausgleichender Energie auf das Wesen ein. Der Mensch hat sich der höheren Kraft geöffnet und sich dadurch von dunklen Verdichtungen gelöst. Seine Aura wird heller und der verkrampfte Bereich wird in anderen Menschen fortan keine Resonanz mehr erzeugen und keine unangenehmen Emotionen mehr hervorrufen.

Gleichzeitig steht dem Menschen für diesen Bereich wieder mehr Energie zur Verfügung, da sie nicht mehr für die Aufrechterhaltung dieser Struktur benötigt wird. Das Energiesystem des Menschen wird somit von der Schöpferenergie stärker durchdrungen.

Oft nutzen auch fremde Wesenheiten, Energiefelder und aufgebaute Strukturen bestimmte Teilbereiche im Menschen, um über diese in ihn vorzudringen und ihn seiner Lebensenergie zu berauben. Es darf nicht außer Acht gelassen werden, dass der Mensch zu allem, was existiert, Zugang erhält, und es ist immer möglich, dass es gefallenen Wesenheiten gestattet wird, Einfluss zu nehmen, wenn man nicht wach genug ist und auf sich achtet.

Fremdmotivationen üben starke Einflüsse auf das eigene Energiesystem aus und schaffen Abhängigkeit sowie eine

Blockade der persönlichen Entwicklung. Der Mensch ist vor allem auf diesem Planeten verkörpert, um an seiner Entwicklung zu arbeiten, um den Eigenwillen zu überwinden, um Altlasten aus früheren Inkarnationen auszugleichen und um über seine eigene Bewusstseinserweiterung auf die Gesamtheit wirken zu können.

So öffnet sich der Mensch für die Kraft der Vollkommenheit, damit der »Wille« des Schöpferstromes durch ihn tätig werden kann. Der Kontakt zur geistigen Welt öffnet sich bewusster, und in der Verbindung mit geistigen Wesenheiten kann er deren Inspirationen und Informationen auf telepathischem Wege empfangen.

In dieser Arbeit verändert sich auch der Umgang mit den Mitmenschen. Die Hintergründe der Vorgänge werden deutlicher und noch liebloses Verhalten, das bislang in Konfrontation oder in Verurteilung der Umwelt einmündete, wird erkannt und harmonisiert. Plötzlich reagieren die Menschen ganz anders, und ein liebevolleres Miteinander wird möglich. Die Lebensqualität erhöht sich deutlich, und das Streben nach persönlicher Weiterentwicklung kann noch mehr zunehmen.

Es ist nicht leicht, diesen Weg zu beschreiten, und das Anhängen an alte Strukturen ist bedeutend weniger energieaufwändig. Doch wie soll eine Ent-wicklung stattfinden, wenn man nicht bereit ist, den Aufwand des »Auf-Wickelns« alter Bindungen zu unternehmen.

Man lernt als Kleinkind und Schulkind, wie man sich im Verkehr zurechtfinden kann. Die Eltern, Kindergärtnerinnen, Lehrerinnen und Lehrer sind lange bemüht und bestrebt, den Kindern den möglichst gefahrlosen Umgang mit dem Verkehrsaufkommen zu erleichtern. Es wird dies und das erklärt, und nach einiger Zeit des Übens werden die Kinder alleine in den Verkehr gelassen. So lernt ein junger Mensch die verschiedensten Bereiche kennen, bis er sich in der jeweiligen

Kultur, den Sitten, Gebräuchen und gesetzlichen Vorschriften einigermaßen zurechtfindet. Genauso ist es mit den Möglichkeiten in den feinstofflichen und geistigen Ebenen. Man kann nicht annehmen, sich sogleich ohne Probleme zurecht zu finden ohne einen Lernweg und eine Lernzeit. Es bedarf auch hier einer Schulung, und diese ist vermutlich noch anstrengender als die Richtlinien eines Erdenlebens. Der Verstand möchte ebenfalls seinen Beitrag dazu beisteuern, was für die klare Erkenntnis auch richtig und wichtig ist. Deshalb werden in den nächsten Kapiteln grundlegende Informationen und Hintergründe behandelt. Alle energetischen Vorgänge wirken sich durch Resonanzen mit der Umwelt aus. Erst die Gesamtheit des Wissens und die innere Erkenntnis ermöglichen es, die Hintergründe besser zu verstehen und die Tiefe der erlebten Vorgänge zu erkennen.

Viele Beispiele bieten die Möglichkeit, das Verständnis zu vertiefen, sobald die notwendige grundsätzliche Information vorhanden ist. Es mag der Leserin und dem Leser das eine oder andere bereits bekannt sein, jedoch macht es erst die Gesamtheit der Betrachtungsweise aus der dargestellten Sicht möglich, die in diesem Buch niedergeschriebenen Beispiele in ihrer tieferen Bedeutung zu erkennen.

Die Erfahrungen, die durch Lebenssituationen, verursacht durch die Resonanzen der Aura in der Umwelt, gewonnen werden, dienen in starkem Maße der inneren Erkenntnis und Ausrichtung. Durch diese Vorgänge wird die Aura gereinigt von Verdunkelungen und energetischen Verdichtungen, und gleichzeitig kann dann die Schöpferkraft wieder stärker fließen. Sie durchdringt die bis dahin starren und verhärteten Stellen und versorgt sie mit jener Energie, aus der alles besteht.

Der Mensch fühlt sich mit dieser Energie wieder mehr verbunden. Sie verleiht ihm Geborgenheit und Sicherheit, um sich der Umwelt und den Lebenssituationen besser gewachsen zu fühlen.

Auch ist durch den Vorgang des Erwachens eine deutliche Zunahme von intuitiver Kraft zu verzeichnen. Die Impulse und Wahrnehmungen, welche die geistige Welt übermitteln möchte, können deutlich besser wahrgenommen werden und zeigen sich immer weniger von persönlichen Ausrichtungen verändert oder geschwächt.

Persönliche Ängste und Blockaden werden durch die Bereitschaft und das Zulassen dieser Vorgänge langsam abgebaut und innerer Stress, der verursacht wird von Blockaden und Verhärtungen, kann weiter gelöst werden. So vermag der Mensch den Kanal zu vergrößern, durch den die Schöpferkraft selbst sich verströmen möchte.

Diese Verbindung tritt ebenfalls in Austausch mit der innewohnenden Kraft im Mitmenschen und kann auf emotionaler und gedanklicher Ebene für das Umfeld mit dazu beitragen, dass im Gegenüber ein Gefühl der Nähe und des Friedens geweckt und er ebenfalls angeregt wird, sich mit seinen Bereichen auf die Vollkommenheit hin zu bewegen.

Die nachfolgenden Darlegungen sollen dazu führen, die höheren Ideale im Menschen zu erwecken und ihm zu helfen, emotionale und mentale Blockaden zu lösen, um ein erfüllteres und spirituelleres Leben zu führen.

Über den Tugenden steht eines,
das beständige Streben nach oben,
das Ringen mit sich selbst,
das unersättliche Verlangen nach grösserer Reinheit,
Weisheit, Güte, Liebe.

Johann Wolfgang von Goethe

1. Die dritte Zeit

Die *dritte Zeit* kann auch als das »neue Zeitalter« bezeichnet werden. Als das geistige Zeitalter, in welchem das göttliche Bewusstsein sich wieder enger und bewusster an den Menschen annähern möchte. Die Art dieser Annäherung wird von den verschiedenen Religionen, Kulturen und Propheten unterschiedlich ausgelegt, jedoch kann davon ausgegangen werden, dass eine feinstofflich-geistige Berührung stattfinden wird, durch die sich das göttliche Bewusstsein in Form von geistiger Erkenntnis und Weiterentwicklung zeigen wird. So kann eine globale Bewusstseinserhöhung eintreten, die nicht nur diesen Planeten mit ihren Ebenen erhöht, sondern auch alle Bereiche der feinstofflichen Welten.

So kann die »erste Zeit« als die Zeit des »Jeder gegen Jeden« verstanden werden. Als überwiegende Zeit des Überlebenskampfes, des Krieges und der Härte. Die Reaktion auf ein Ereignis oder Erlebnis bildete dadurch eine Verstärkung derselben Energie. Hier wurde Gleiches mit Gleichem vergolten, was steten Kampf bedeutete. Die Zuwendung zum Göttlichen und die kulturellen Gesetzgebungen wurde mit harten Geboten und strengen Richtlinien dargestellt. Die Fügung der Menschen wurde mit Druck und Angst kontrolliert. Wohl in dem Gedanken und Wissen, dass das innere Streben in den meisten Menschen noch nicht so weit war, um aus sich heraus nach Liebe und Höherem zu streben.

Als die »zweite Zeit« kann die Zeit nach den großen Vorbildern angesehen werden, die allen Menschen die Liebe lehren wollten. Ein Leben nicht im Kampf, sondern in der gelebten Liebe zu Gott, zum Mitmenschen und sich selbst. Hier erfährt der Mensch, sich seinen Verursachungen zu stellen, also die entstandene harte Energie aufzunehmen und in Liebe umzuwandeln und nicht im Kampf den Schlag sofort zurückzugeben und eine Weiterführung der kriegerischen Auseinandersetzung fortzuleben. So wurden Leben in Liebe und Demut gelebt, in völliger Hingabe des Eigenwillens, als wunderbare Vermächtnisse für die Nachwelt.

Von Jesus als Christus wurde die Energie der körperlichen Selbsterhaltung am Kreuz vollkommen überwunden und dem Schöpferwillen übergeben. Das Tor in die feinstofflichen Welten wurde geöffnet und dadurch der Rückweg aller Seelen in die geistigen Ebenen ermöglicht.

Jetzt, in der *dritten Zeit*, soll das Bestreben der Weiterentwicklung sich auf den gedanklichen und emotionalen, also geistig-feinstofflichen Bereich ausweiten. Somit wird nicht nur ein Leben gewünscht, in dem nicht gegen die Mitmenschen körperlich im Kampf vorgegangen wird, sondern ebenso wenig gegen ihn negative Gefühle gehegt oder ihm Schlechtes gewünscht werden soll. Auch das aurische Feld um den Menschen soll gereinigt und ausgerichtet werden, damit die höheren Kräfte darin fließen können. So zeigt sich, dass bald auf diesem Planeten eine Schwingungserhöhung stattfinden kann, die diese feinstofflichen Strukturen für alle Menschen sichtbar macht, so wie es wohl einmal vor langer Zeit auf diesem Planeten gewesen ist. Dann werden alle dunklen Verkrampfungen und Emotionen sichtbar, und die Menschen erkennen sich gegenseitig in der gleichen Weise, wie sie sich in der geistigen Welt erkennen.

In den feinstofflichen Ebenen gibt es kein Verstecken oder Verbergen von üblen Gedanken oder Gefühlen, hier liegt alles offen, und ein Verstellen ist nicht möglich.

In der geistigen Welt leben die Wesen in den jeweiligen Ebenen entsprechend ihres Entwicklungsniveaus zusammen. Ein höchstentwickeltes und reines Wesen kann sich allerdings in den geistigen Ebenen frei bewegen, es kann sich bei Bedarf auf die unteren Ebenen verdichten, aber ein noch unentwickeltes Wesen kann eine höhere Ebene nicht erreichen.

Auf der Erde sind die verschiedensten Wesen vermischt. Es sind sehr hoch entwickelte Wesen inkarniert, die für die persönliche Erkenntnis, aber vor allem für die Unterstützung und Hilfe ihrer Mitmenschen bereit sind. Daneben leben Wesen, die noch gar nicht auf dem Planeten sein sollten, da sie den an sie herantretenden Versuchungen und Verführungen noch gar nicht gewachsen sind. Sie werden manchmal durch einen Akt im Alkohol, unter Drogen oder in Perversion wirbelartig aus ihren Ebenen geholt und verstricken sich noch tiefer in die Verarbeitungsmechanismen, anstatt etwas lernen zu können.

Es sind schwingungsmäßig auf der Erde die verschiedensten Wesen vertreten, und eine wahre Erkenntnis der Person hinter ihrer äußeren Körperlichkeit ist auf den ersten Blick sehr schwer.

Auf den feinstofflicheren Ebenen jedoch, wenn der Mensch durch Erkenntnis und Arbeit an sich selbst in der Lage ist, die ankommenden Informationen und Impulse zu erkennen, ist eine Täuschung nicht möglich. Die in der Aura sitzenden

Strukturen werden von den feinen Wahrnehmungsmöglichkeiten klar erkannt.

Zurzeit zeigt sich auf diesem Planeten eine deutliche Schwingungserhöhung, die allerdings zur Folge hat, dass viele noch unausgerichtete Teilbereiche im Menschen, deutlich sichtbar in der Aura, eine schnelle und intensive Folge von Erkenntnissituationen und Gefühlswallungen zum Ausdruck bringen. So ist es im Moment für viele Menschen schwierig, sich in diesem Wirrwarr zurechtzufinden. Man gewinnt den Eindruck, als würden die Erlebnisse sich geradezu häufen und die Zeit schneller voranrennen. Ursache dafür ist, dass sich auf Grund der stärkeren Lichteinstrahlung die noch dunklen und verkrampften Bereiche deutlicher zeigen müssen und können. Sie werden aus tiefen aurischen Schichten emporgehoben und zur Verarbeitung gebracht. Dieses Geschehen verursacht zwar verstärkten Stress, ist zugleich aber eine wunderbare Möglichkeit, schneller und intensiver an sich zu arbeiten.

Dafür ist es natürlich wichtig, dass diese Gegebenheiten auch zugelassen werden und keine Abwehr stattfindet. Ansonsten baut sich eine energetische Mauer auf, die schwingungsmäßig blockiert und die Verarbeitung in der jeweiligen Situation verhindert. Dies führt zu einer Verdichtung der Aura und zu einer Anhäufung von Emotionen, die in starker Weise immer wieder an die Oberfläche drücken. So kann es geschehen, dass schon kleinste Situationen einen Schwall von Emotionen hervorrufen, da sie dadurch einen Kanal für ihre Befreiung finden. Mit diesem Ausbruch ist es kaum mehr möglich, friedvoll umzugehen.

Zugleich steht dem Menschen aber auch für die momentane Entwicklungsphase verstärkt lichtvolle Energie zur Verfügung. Die Anzahl der inkarnierten hohen Lichtwesen hat sich verstärkt, und wenn der Mensch es zulassen kann, wird ihm große Unterstützung zuteil.

Auch in der Aura des Planeten werden zurzeit immer wieder komplette Ebenen gereinigt. Alle darin aufgebaute Energie wird gelöst und sich noch darin befindende dunkle Wesenheiten müssen weichen. Sie strömen, wenn sie sich nicht selbst erkennen, meist noch enger an die nähere Erdaura heran, wodurch sich das jeweilige Feld stärker verdichtet.

Dieser Vorgang zeigt immer Auswirkungen auf die Aura des Menschen, da durch sie eine Verbindung mit allem vorhanden ist und sich alles gegenseitig energetisch berührt. So kann es sein, dass zeitgleich eine entsprechende Verarbeitung aus einer aurischen Schicht hervorgehoben wird, die dann von vielen Menschen bewältigt werden könnte. Wolkenartig schieben sich diese Bereiche an die Betreffenden heran, doch die jeweiligen Personen wissen mit den Emotionen und unguten Gefühlen im Moment überhaupt noch nichts anzufangen.

Trotz allem sind die ganzen Situationen und Verarbeitungen von einer höheren Intelligenz gelenkt. Es ist nicht nötig, sich zu ängstigen, da dies nur wieder zu energetischen Verspannungen führt. Dem Gesamtgeschehen darf vertraut werden und auch dem Geschehen, welches sich im Inneren abspielt. Je bewusster das Vorgehen erlebt und erkannt wird, umso intensiver kann im Menschen, mit ihm und um ihn energetisch gearbeitet werden.

So gehört zur Erkenntnis und dem Wissen um die Hintergründe auch die Bereitschaft des Menschen, seine Wesensteile anzunehmen und auszurichten, auch wenn es schmerzlich ist.

Ganz bedeutsam ist hier eine wache Annahme und Erkenntnis der täglichen Erlebnisse sowie das Wissen, dass für die Geschehnisse zuvor eine Ursache gesetzt wurde und mit dem Erlebten selbst aktiv gearbeitet werden muss, um noch tiefer erkennen zu können.

Das Ergebnis dieser Bemühungen wird die Klärung der Aura sein, mehr Friede im Inneren wie im Äußeren und eine bewusstere Entwicklung.

2. Körper – Seele – Geist

Die Zuordnungen und Auslegungen der Bereiche Körper, Seele und Geist werden sehr verschiedenartig dargestellt und sind in ihrer Definition sehr umfangreich. Auch sind die Gedankengänge in den bestehenden Kulturen sehr unterschiedlich, und das Verständnis dieser Bereiche kann sehr stark variieren.

Es sind bereits sehr interessante und ausführliche Darstellungen veröffentlicht worden, doch da der Inhalt dieses Buches sich hauptsächlich auf die Aura des Menschen mit ihrer Resonanz auf die Umwelt bezieht, wird dieser Bereich nur insofern beschrieben, wie er für das Verständnis der wirkenden Bereiche und zum Verständnis des Buchinhaltes notwendig ist.

Oft werden die Bezeichnungen Körper, Seele, Geist in dem Sinne verwendet, dass als Körper die Materie, als Seele die Empfindungswelt dargestellt und als Geist die Gedankenkräfte bezeichnet werden. Diese Einteilung wird hier ebenso in einer späteren Erklärung benutzt. In der nachfolgenden Darstellung ist jedoch eine erweiterte Einteilung vorgenommen worden.

So möchte dieses Buch eine kurze Übersicht vermitteln, die dem Verständnis der Zusammenhänge zwischen der inkarnierten Persönlichkeit, der Seele und dem Urgeist dienlich ist.

Der Körper

Der Körper stellt den sichtbaren Bereich in der Materie dar. Er ist die materielle Form des Erdenlebens. In ihm wohnen die feinstofflichen und geistigen Bereiche jedes Wesens. In einem menschlichen Leib ist jegliche Form und Substanz enthalten, die es auf diesem Planeten gibt, jedes Mineral und jeder Stoff, aus dem auch die Planetensubstanz gebildet wird. Es gibt keinen materiell-mineralischen, pflanzlichen und tierischen Bereich, der nicht im menschlichen Körper enthalten ist. So stellt jede Pflanze eine bestimmte Substanz und Wesenhaftigkeit und auch jedes Tier eine bestimmte Art der Entwicklung bzw. Wesenszüge dar.

So hat Jesus als Christus vor rund 2000 Jahren ein Erdenleben vorgelebt, in dem nicht nur geistige Essenz erhöht wurde, sondern die ganze Körperlichkeit in eine geistige Form mitgenommen wurde, in der Verbindung mit den jeweiligen hohen geistigen Wesenheiten, die jedem Mineral, jeder Pflanze und jedem Tier als geistiger Träger zugeordnet sind. Er öffnete das Tor und zeigte den Weg, den alle beschreiten sollen. »So folget mir nach!« wurde dem Menschen gesagt, und vielleicht wird es irgendwann auf diesem Planeten so weit sein, dass eine Körperverbindung aus irdischer Substanz und Wesenhaftigkeit komplett, also ohne ein Abstreifen irdischer Hüllen, in die feinstofflichen Ebenen nach dem so genannten Erdenleben erhöht und mit hinüber genommen wird.

Das wäre ein wundervolles und erstrebenswertes Ziel und würde der gesamten Schöpfung dienlich sein.

Der Körper kann in diesem Sinne nicht als der Mensch selbst betrachtet werden. Das Wesen lebt in ihm, und der Körper dient auf seine Weise dem innewohnenden Kern. So ist ein liebevolles Miteinander erstrebenswert, mit Respekt und Achtung und dem steten Streben der Seele nach vollkommener Liebe, die den materiellen Leib dadurch immer mehr erhöhen kann.

Der Körper selbst kann zu großer Erkenntnis verhelfen, indem der Mensch in diesem Erdenleben auf seine Informationen hört. Er ist der materielle Gestalter von feinstofflicher Information und ist auch selbst in der Lage, bis zu einem bestimmten Grad feinstoffliche Energie zu reinigen und der Verarbeitung weiterzugeben.

So reagiert er auf eine ständige Belastung, indem er deutlich aufzeigt, z.B. durch ungute Gefühlszustände und mit der Zeit durch Krankheit, dass etwas nicht stimmt. Genauso aber kann er aufzeigen, dass aus früheren Inkarnationen bestimmte Bereiche noch nicht erkannt bzw. auf den Schöpfungsfluss ausgerichtet sind. Wurde der genannte Seelenteil zum Beispiel in einer früheren Verkörperung im Kampf dadurch getötet, dass ein Speer seine Brust rammte, kann es in diesem Leben sein, dass der Körper Male und Deformationen aufweist, die von ständigen, manchmal unerklärbaren Schmerzen begleitet sind. Vielleicht hat sich aber auch eine Lungenkrankheit entwickelt. Unerklärliche allergische Reaktionen haben nicht selten ihren Ursprung in einem früheren Erdendasein.

Manchmal hat eine Seele im Kampf einen anderen Menschen getötet und er nimmt, um diese Last abzutragen, in diesem Leben die ausgelösten Auswirkungen auf seinen Mitmenschen als körperliche Belastung selber auf sich. So kann er die Situation in Liebe verwandeln und aufgestaute Aggressionen und Emotionen im Dienste seiner Seele verarbeiten. Oft tauchen diese Vorgänge erst im Laufe eines Erdenlebens auf, da zu diesem Zeitpunkt der Mensch stark genug ist, diese zu verarbeiten. Zuvor sitzen sie in Außenbereichen der Aura und werden zur rechten Zeit aktiviert. Sie rücken dann immer weiter bis in die Körperebene vor, um sich z.B. über Schmerz und Krankheit auszudrücken.

So sollten jede Krankheit und jede schmerzliche oder gefühlsmäßige Auswirkung als ein Hinweis betrachtet werden, der die Möglichkeit gibt, angestaute Altlasten oder Blockaden verarbeiten zu können. Der Körper mit seiner ihm innewohnenden Ordnungskraft ist stets bestrebt, sich gesund zu halten. Er möchte nicht krank sein, nimmt es aber immer auf sich, um dem Wesen aufzuzeigen, dass in seiner gedanklichen und emotionalen Ausrichtung etwas nicht stimmt. So kann der Mensch dem Körper stets dankbar sein, vor allem dann, wenn er »krank« ist, da ihn die Energien nicht gesund bleiben lassen. Wird emotional gegen die Krankheit gearbeitet, fällt es sehr schwer, an die wahre Situation heranzukommen und diese auszurichten. Die Blockade kann sich verstärken, und manchmal muss sie dann in noch stärkerer Form wieder aus diesem Leben mitgenommen werden. Das, was die Seele sich jedoch vorgenommen hatte, konnte nicht verarbeitet werden, weil die Persönlichkeit nicht bereit war, etwas anzunehmen, was scheinbar unangenehm oder schwierig war.

Leider versuchen viele so genannte Heilmittel lediglich die körperliche Auswirkung zu beseitigen, was ihnen wohl manchmal auch gelingen mag, aber es wird nur von kurzer Dauer sein, da sich die Energie einen anderen Weg zur Verarbeitung sucht. Es ist somit notwendig und wichtig, dass die Energie über eine erneute »Krankheit« durchgegeben wird, ob es der Persönlichkeit gefällt oder nicht. Sie wird so lange wirken, bis sie verarbeitet ist oder in Liebe erkannt und übergeben wird. So ist der Mensch in Verbindung zu seinen höheren Kräften immer der Heiler seiner selbst. Er kann Unterstützung und auch körperliche Hilfe erhalten, die Heilung jedoch findet durch ihn selber statt, durch die Erkenntnis und die Annahme in liebevoller Verarbeitung.

Der Körper ist in seiner jetzigen Naturform ohne die Verbindung zu der jeweiligen Seele bzw. dem Geistwesen nicht lebensfähig. Gleichzeitig wird er von dem Seelenwesen mit feinstofflicher Energie durchdrungen, die ihn dadurch belebt und aktiviert. Durch die lebendigen Verbindungen der Seele zur Körperlichkeit werden auch Kontakte zu irdischen Energien geschaffen. Es existiert ein steter Austausch alles Lebendigen miteinander, da jede materielle Form eine geistige Essenz und Wesenhaftigkeit in sich trägt.

Obwohl der Körper in seiner Zusammensetzung ohne den Bezug zu einer Seele nicht lebensfähig ist, wird er eigenständig gelenkt von einem übergeordneten Energiefeld, welches das Wachstum, die innere Ordnung und die Selbstheilungskräfte aktiviert. Dies ist eine wundervolle Kraft, und wenn der Mensch in Harmonie mit ihr lebt, kann er mit ihrer Hilfe vieles verarbeiten und dem persönlichen Ziel näher kommen.

Die Seele

Als Seele wird das eigentliche Wesen in der Verbindung mit dem Geistigen betrachtet. Die Seele ist das komplexe Wesen, welches in den feinstofflichen Ebenen existiert. Es ist zwar eigenständig, jedoch tief verbunden mit dem höchsten Geist.

Die Seele ist in ihrer vollkommensten Struktur hoch entwickelt und wird in einem hohen Entwicklungsstand auch als das höhere Selbst bezeichnet. Gleichzeitig findet man in der Gesamtheit einer Seele auch Bereiche, die in ihrer Ausrichtung noch sehr viel zu lernen haben und auf Energien wie Hass, Neid oder Macht ausgerichtet sein können. Auch werden in der Seelenebene jegliche Informationen aus den verschiedensten Erdenleben gespeichert.

Aus den reiferen und auf die Liebe stärker ausgerichteten

Seelenbereichen strömt in diese Seelenteile stetig Kraft und Zuwendung, damit sie baldmöglichst erkennen und sich der Gesamtheit anschließen.

So kann man all das als Seele bzw. Seelenkörper bezeichnen, was sich in den feinstofflichen Ebenen als zu einem Wesen zugehörig erkennt. Die Seele besitzt eine Körperlichkeit in den astralen Ebenen, ebenso wie sie in den höheren feinstofflichen Ebenen schwingt. Je weiter sie sich entwickelt, umso höher schwingt sie sich empor und wird sich zuerst aus den astralen, also emotionalen Bereichen herausarbeiten, die jeweiligen Umhüllungen ablegen und dann auf der »Leiter« weiter voranschreiten. Immer mehr wird sie die dichteren feinstofflichen Ebenen verlassen und sich den rein geistigen Ebenen zuwenden, bis sie eines Tages vollständig in die geistigen Reiche einkehrt und als reine geistige Energieform weiterexistiert, in der tiefsten Verbindung zur Ur-Schöpferkraft.

Wenn die Seele sich auf eine neue Erdinkarnation vorbereitet, stellt sie die jeweiligen Bereiche zusammen, die zum Lernweg bzw. zur Verarbeitung anstehen. Dies müssen nicht immer die Bereiche sein, die in ihrer Zusammensetzung schon genau so in der vorhergehenden Inkarnation vorhanden waren, es können auch Seelenteile sein, die z.B.aus zwei Leben zuvor ihren Lernweg weiterzuführen haben.

So kann es sein, dass eine Seele in der Zeit der Inquisition auf der Erde inkarniert war und in dieser Zeit sich stark mit den geistigen Gesetzen beschäftigt, sich mit Kräutern zur körperlichen Heilung ausgekannt und versucht hatte, sich auf die Schöpfungsgesetze auszurichten. Die damalige Persönlichkeit wurde allerdings verfolgt, verraten und dann auf dem Scheiterhaufen verbrannt, was zur damaligen Zeit unzähligen Seelen widerfahren ist. Die erlebten Todesängste und das Gefühl der Verfolgung und des Verratenseins haben sich zu einer großen Energiekonzentration zusammengezogen und blieben für zwei Inkarnationen in der feinstofflichen Seelenebene gelagert, bis es an der Zeit war, der nun inkarnierten Persönlichkeit diese Verarbeitungsform in ihrem aurischen Energiefeld zu übertragen. So hat dieses Gefühls- und Erfahrungsgut im eigentlichen Sinne nichts mit der jeweiligen neuen Person zu tun, und doch ist es ein Teil von ihr und liegt in der Verantwortung ihrer Seele. In diesem Leben nun kann die erste Reaktion auf eine irdische Information der geistigen Wahrheiten in entschiedener Ablehnung bestehen, da sofort das emotionale Angstpotenzial des Getötetwerdens hervorbricht. Die feinstofflichen Wahrheiten werden strikt abgelehnt und manchmal wird sogar eine Gegenkampagne gestartet, um ja eine Wiederholung der damaligen Situation zu vermeiden.

Manchmal auch werden in diesem Zusammenhang starke Ängste hervorgerufen, sobald der jeweilige Mensch eventuell zugeben müsste, dass er sich mit geistigen Dingen beschäftigt. Die unerklärliche Angst und Panik will er nicht empfinden und isoliert sich vor dieser Thematik. Es ist gar nicht immer notwendig, dass der Mensch die genauen Hintergründe kennt. Er kann sich deutlich über die starke Emotion, die durch den Kontakt in der Umwelt mit geistigen Wahrheiten stattfindet, bewusst machen, dass er emotional reagiert und weiß somit: »Hier bin ich nicht ruhig, sondern es gilt, ein Energiefeld zu verarbeiten und das Bewusstsein entsprechend auszurichten.«

Ob er sich dann mit diesen Dingen tiefer beschäftigt, bleibt nach wie vor ihm selbst überlassen; aber da er emotional nicht frei ist, gilt es, an sich zu arbeiten, bis wieder Ruhe und Frieden eingekehrt sind und in Toleranz und Nächstenliebe die Menschen akzeptiert werden können, die sich mit den geistigen Gesetzmäßigkeiten beschäftigen.

Ebenso ist eine Verbindung zu Bereichen der Seele möglich, die durch bestimmte Umstände noch im erdnahen Bereich verhaftet waren. Sobald die vollständige Seelenstärke wieder in den Körper eingekehrt ist, kann sich der »verlorene« Teil der Seele der Aura intensiver anheften und wird der Verarbeitung und Erkenntnis zugeführt. Dies kann ein Seelenbereich sein, der in einer vorhergehenden Inkarnation an bestimmten Gebäuden, die er als sein Eigentum betrachtete, haften geblieben sind und nicht bereit waren, dieses Hab und Gut herzugeben. Das Gesamtwesen hatte sich nach dem damaligen leiblichen Tod in die feinstofflich-geistigen Ebenen begeben, dieser bestimmte Bereich jedoch blieb im Erdfeld hängen.

Immer sind in solchen Fällen gewisse energetische Verbindungen zu sehen, die zur Gesamtseele führen. So bleibt kein Bereich ausgegrenzt, sondern es wird stets versucht, diesen in die Gesamtheit der Seele zu integrieren.

Nach der Inkarnation sind die wieder verbundenen Bereiche nun scheinbar im Tagesbewusstsein, abgetrennt von den geistigen Informationen und der bewussten Verbindung zu ihrer Gesamtheit; doch ist der Mensch mit ihnen über die Herzensebene stets verbunden und kann so die Informationen erhalten, die dem jeweiligen Ziel dienlich sind. Durch die scheinbare Getrenntheit ist es den Seelenteilen möglich, zu erleben, welchen Inhalt und welche Ausrichtung sie in sich tragen. Sie unterliegen primär keiner Beeinflussung seitens der höheren Erkenntnisebenen, sondern können aus sich heraus erleben und erkennen und verfügen somit über die Möglichkeit der freien Entscheidung. Die noch unerkannten Bereiche wollen sich ausleben und dadurch, dass dies auf der Erde möglich ist, kann daraus die Erkenntnis gezogen und die Entscheidung darüber erlangt werden, welcher Weg beschritten werden möchte, der Weg des Eigenwillens oder der Weg der Liebe.

Die Seele formt den Körper im Mutterleib und tritt zuerst bei der Geburt, dann mit einem Jahr, mit drei, sieben und vierzehn Jahren immer enger in den Erdenkörper ein. Mit einundzwanzig Jahren ist im Normalfall der jeweilige Inkarnationsbereich vollständig in den Körper eingetreten.

Sie durchdringt mit ihren feinstofflichen Substanzen den Körper, wohnt in ihm und ist gleichzeitig mit allen Bereichen ein Teil der großen geistigen Gesamtheit.

So erlebt der Mensch in seiner jeweiligen Erdinkarnation nur einen Auszug aus seiner Seele, welcher als die jeweilige Persönlichkeit bezeichnet wird. Die stete Verbindung zum inneren, entwickelten Sein ist über die Herzensebene, über die Kraft der Liebe zu fühlen. Von hier erfährt man die stete Zuwendung und das Bemühen der höheren Kräfte, den Menschen zu unterstützen und zu führen auf seinem Weg, sofern dies in der Persönlichkeit zugelassen werden kann und gewünscht wird.

So unterscheidet man zum einen die Seele, die sich in den feinstofflichen Ebenen befindet und in der Verbindung zu den Geistreichen steht, und zum anderen die Persönlichkeit innerhalb einer jeweiligen Inkarnation, die über die Möglichkeit der freien Entscheidung befähigt ist, sich aktiv mit ihren Aufgaben zu beschäftigen, sich auf eigenwillige Bereiche auszurichten oder sich der steten Versuchung von irdischen Energiefeldern auszuliefern und diese mit der ihr innewohnenden Schöpferkraft zu sättigen und zu ernähren.

So bringt die Erkenntnis den Menschen einen großen Schritt weiter auf dem Weg zu geistiger Entwicklung, dass nicht die jetzige Persönlichkeit Herrscher und Lenker des persönlichen Schicksals ist, sondern dass der jeweils inkarnierte Mensch einen bewussten Strahl der Seele darstellt, von dieser gelenkt und geleitet wird und sich mit der Zeit immer mehr Bewusstsein erschließt, um tiefer in die Schöpfungsgeheimnisse vorzudringen und das eigentliche Wesen näher kennen zu lernen. So können bereits hier, bei dieser Erkenntnis der eigenen Person, aufgebaute, den Menschen anhaftende Felder sofort zerfallen und eine Blockade kann sich lösen, die den Einstrom von Seelenenergie bislang in diesem Bereich verhinderte. Man wird allen Menschen auf diesem Planeten immer vorzumachen versuchen, wie bedeutend und wie hoch entwickelt sie scheinbar sind, um zu verhindern, dass der wahre Kern einströmen kann und somit bestimmte Bereiche ihren Einfluss verlieren. Wenn der Mensch annimmt, er kann schon alles und weiß alles, ist die wahre Entwicklung abgebrochen und er schneidet sich selbst ab von höherer Erkenntnis. Die geistigen Bereiche, die geistigen Wesen, die das Erdenleben behüten, unternehmen nichts, um gegen solche Energiefelder vorzugehen. Sie ziehen sich einfach zurück und lassen den sich selbst bestimmen wollenden Persönlichkeiten ihren freien Lauf. Es wird der Zeitpunkt kommen, in dem die rechte Erkenntnis sich durchsetzt und somit die geistige Unterstützung jedem Wesen wieder erneut gewiss sein wird.

Die Erkenntnisse, die durch die Reaktionen im Umfeld gewonnen werden, ermöglichen eine aktive Weiterentwicklung der menschlichen Seelenteile. Die Aura wird klarer und die höheren Energiekräfte können stärker einfließen in dem immer intensiver werdenden Gefühl der bewussten Verbindung und Öffnung in die Seelen- und Geistebene. Der bewusste Kontakt und das immer stärker werdende Verschmelzen mit der Seelenebene öffnet die Verbindung in die Geistreiche. Es kann immer klarer erkannt werden, welche Aufgaben für die Persönlichkeit vorgesehen sind, welche Entscheidung für den Menschen die richtige und welche im Moment nicht angesagt ist. Der Wille des Schöpferstromes kann gefühlt werden und die bewusste Verbindung kann sich tiefer ausdrücken.

Der Geist

Als Geist kann das höchste Bewusstsein angesehen werden, die vollkommene Liebe, die höchste Intelligenz, die als das Göttliche bezeichnet wird.

Der Mensch ist auf eine Art noch davon getrennt und doch auch ein Teil dieses großen Geistes. Er durchdringt ihn, und wenn die Persönlichkeit sich darauf ausrichtet, lenkt und leitet der Geist den Menschen auf seinem Rückweg zu ihm.

Diese Kraft gewährt den freien Willen und behütet und unterstützt den Menschen voller Liebe und Zuwendung in seinem Streben nach Entwicklung, sofern er es wünscht. Was immer das höchste Bewusstsein selbst auch empfinden mag, es wirkt immer für alle Wesen unterstützend, um Kraft und Liebe zu aktivieren.

Man darf hinsichtlich des freien Willens nicht übersehen, dass die Seele sehr wohl zur Einheit mit dem Vollkommenen strebt, doch noch unausgerichtete Teile der Persönlichkeit sich entschieden dagegen stellen können. So kann der Mensch als inkarnierte Persönlichkeit denken: »Mir bleibt doch keine Wahl, dauernd bekomme ich Steine in den Weg gelegt«, und doch dient genau dies dem Zweck, dass ein bestimmter Bereich sein Fehlverhalten erkennen und sich dem Streben seiner Seele anschließen kann. So befindet sich die Enttäuschung und die Ablehnung ausschließlich in den zur Bearbeitung anstehenden Feldern, nicht jedoch im Gesamtwesen.

Das vollkommene »Sein«, das »Göttliche«, lässt sich für den Verstand schwer erfassen, und man kann es sicher nicht »erklären«. So sollte versucht werden, das Geistige von den menschlichen Gedankenmustern frei zu halten, um es nicht mit schwierigen Strukturen zu belegen oder danach zu trachten, es mit bestimmten Emotionen zu erreichen. Über den

Herzensbereich ist der Mensch immer mit der vollkommenen Liebe verbunden, zu der man sich hinwenden und der man vertrauen kann.

Würde sich die gesamte Schöpfung in ihrem Dienst und ihrem Streben dem Willen dieser vollkommenen Intelligenz unterstellen, es gäbe keine Kriege, keine Missgunst mehr und nicht einen groben Gedanken, da alles Leben in Einheit und Gemeinsamkeit dem einen großen Ziel entgegenstreben würde. Der »Gotteswille« wird durch die Öffnung des Herzens wahrgenommen, und alle Menschen sind dafür gleich empfänglich. Wird eine Handlung angestrebt, die nicht im Willen des Schöpferstromes fließt oder eine Ausrichtung enthält, die auf Irrwege führt, würde dies ebenfalls im Innern von der Person selbst und auch von Mitmenschen sofort wahrgenommen und könnte verändert werden. Das göttliche Bewusstsein selbst ist immer für den Menschen erreichbar und unterstützt ihn auf seinem Weg, wenn er sich danach ausrichtet.

Wieviel Liebe und Geduld mag es kosten, dem Menschen den freien Willen zu lassen und zuzusehen, wieviel Leid auf diesem Planeten geschieht und welche Irrwege eingeschlagen wurden und werden. Die Liebe Gottes verlässt den Menschen jedoch nie.

Wenn eine Persönlichkeit in der Verbindung zu ihrer Seelenebene und dem göttlichen Geist bereit ist und die notwendigen Entwicklungsschritte hinter sich gebracht hat, so kann sie als bewusster Diener dieser höchsten Energie eingesetzt werden. Sie wird durchströmt von starker Liebe und kann auf diesem Planeten sehr viel bewirken; nicht nur in der Materie, sondern auch in den die Erde umgebenden feinstofflichen Welten.

3. Die Aura

Nachfolgend wird das Wort »die Aura« im Singular verwendet, doch ist die Aura natürlich sehr vielgestaltig und umfangreich. Sie beinhaltet für das hellsichtige Auge die Äther-, Astral-, Mental- und Kausal-Aura, die wiederum als Ausstrahlungen der verschiedenen Körper anzusehen sind. Den Lichtkörper, der sich in seiner Ausstrahlung wie eine silbern leuchtende Aura darstellt, fügen wir der Gesamtbetrachtung der Aura ebenfalls hinzu. All diese feinstofflichen Bereiche zusammen bilden die Aura des Menschen.

So kann sich der hellsichtige Betrachter in die verschiedenen Felder der Aura einschwingen und die Energien isoliert betrachten, jedoch bleibt die Gesamtheit stets erhalten. Auch sind die verschiedenen feinstofflichen Körper mit einem sie durchdringenden und verbindenden Energiestrom zusammengefügt. So kann sich zum Beispiel der Astralkörper vom materiellen Körper lösen, bleibt aber immer mit einem »Energiekabel« (der so genannten »Silberschnur«) mit diesem verbunden. Würde diese Verbindung abreißen, wäre der materielle Körper nicht mehr in der Lage weiterzuleben, und die Seele müsste sich von der Körperebene verabschieden.

In gewisser Weise kann man die Gesamtheit der verschiedenen Ebenen immer als Einheit betrachten, denn es gibt im Grunde keine Isolation. Der Mensch ist mit allem und allen verbunden, genauso wie alle feinstofflichen Körper miteinander verbunden sind. So erlebt man zwar die verschiedenen Abstufungen, doch der Mensch ist in seiner momentanen

Zusammensetzung mit all den Ebenen verbunden, welche die Gesamtheit seines Wesens ausmachen.

Wenn die überlieferte Schöpfungsgeschichte betrachtet wird, kann davon ausgegangen werden, dass einmal die geschaffenen Lichtwesen sich von Gott abwandten. Es begann der Sturz in immer dichtere Ebenen, da sie sich von der Gotteskraft immer weiter entfernten und die Energien immer starrer wurden. So können auch die Schichten der Aura betrachtet werden, durch die sich die Wesen wieder herausarbeiten und in ihrer Entwicklung somit zuerst die materiellen Bereiche verlassen. Der Weg führt dann weiter zu den Ätherenergien und den Zugängen in die nieder-astralen Bereiche, dann in die emotionalen Sphären, bis die astralen Ebenen verlassen werden. Über die gedanklichen Bereiche entwickelt der Mensch sich immer weiter in höhere Ebenen, bis er in die rein geistigen Lichtwelten einzutreten vermag.

Die Bereiche der Aura können nicht mit dem Aufbau der geistigen Welten gleichgesetzt werden. Diese sind bedeutend vielschichtiger und reichen von den unteren astralen Ebenen über das materielle Wirkungs- und Erkenntnisfeld bis hinein in die unglaubliche Vielzahl der feinstofflichen Welten.

Bezüglich der Aura-Betrachtung kann festgehalten werden, dass bestimmte Grundmuster sich durch alle Bereiche der Aura ziehen, von der dichtesten bis zur feinsten Abstufung. So kann man im Astralkörper sieben Schichten erkennen, die, je weiter sie in die nächsten Körper reichen, feiner strukturiert werden. Auch der Mental- und Kausalkörper sind in sieben Unterteilungen gegliedert, die jedoch trotzdem als fließend und ineinander übergreifend betrachtet werden können.

Im Ätherbereich des materiellen Körpers lassen sich ebenfalls sieben Energieströme erkennen, die den jeweiligen sieben

Haupt-Chakras zugeordnet sind. Streng genommen kann der Ätherbereich als die feinstoffliche Ebene der sieben Körperdimensionen betrachtet werden.

Der Astralkörper kann als Sitz und Ursprung der Emotionen angesehen werden; im Mentalkörper werden Gedanken und Ideen erschaffen. Diese beiden Körper und somit auch ihre Auren haben eine besondere Beziehung zueinander. Die meisten Ideen und Gedanken sind mit Gefühlen verbunden; es kann ein Gefühl einen Gedanken verursachen und zu einem Gedanken ein Gefühl empfunden werden. Manche Gefühle lassen sich erst mittels des »darüber Nachdenkens« erkennen und erklären, und so manche Idee ist ohne das Streben und den Wunsch, der diesen Gedanken auch in die Tat umsetzen möchte, nicht realisierbar. So lässt sich häufig das eine von dem anderen nicht klar trennen, obwohl die Gefühle eindeutig die dichtere Schwingungsebene besetzen und in ihren Färbungen sehr ausgeprägt sein können.

Die Mental-Aura wirkt hingegen klarer und die darin enthaltenen Gedankenstrukturen sind in ihrer Form schärfer abgegrenzt. Die Klarheit und Stärke der Mental-Aura hängt vom jeweiligen Entwicklungszustand ab. Hat der Mensch bereits viele Erfahrungen durchlaufen und seine Tugenden gut entwickelt, so sind die Gedankengebilde nicht unkonturiert und verwaschen, sondern sehen präzise und von innerer Kraft durchdrungen aus. Es lässt sich größere Ordnung und Klarheit erkennen.

Nehmen wir als Beispiel an, die Geschäfte eines Ladenbesitzers gehen immer mehr zurück und er gerät langsam aber sicher in die Situation, dass er mit dem Verkauf seiner Produkte das Geld für den Unterhalt seiner Familie nicht mehr aufbringen kann. Sein Gefühlsleben, dessen Versorgungszentrum das Solarplexus-Chakra ist, zieht sich dort immer mehr zusammen und die unangenehmen Gefühle und

Ängste werden immer stärker. Es sammelt sich eine immer dichtere Energiekonzentration an, die immer tiefer in die Astralebenen eindringt.

Nun hat er die Möglichkeit, nach Lösungen zu suchen und seinen Verstand einzusetzen, um eine Möglichkeit zu finden, seine Geschäfte wieder zu beleben. Somit wird in der Ebene der Gedanken, der Mentalebene, eine Aktivität registriert und Gedankengebilde erzeugt, die intensiv mit dem Emotionsfeld in der Astral-Aura zusammenhängen. Dieses Beispiel ist eine Verbindung, die von der Gefühlsebene aus aktiviert wurde, es kann aber genauso gut umgekehrt stattfinden, dass Gedanken in der Gefühlsebene Emotionen hervorrufen. So kann ein Mensch, der sehr eifersüchtig ist, durch eine Aussage einer Freundin/eines Freundes – »Glaubst du etwa, dass deine Frau/dein Mann heute so lange arbeiten muss? Da steckt doch mit Sicherheit etwas dahinter!« – welche sich als unguter und Unfrieden stiftender Gedanke in die Mentalebene bohrt, in wenigen Sekunden in der Astralebene zu einem gewaltigen emotionalen Ausbruch der Eifersucht veranlasst werden. Aus den zuvor relativ ausgeglichenen Wogen der Astral-Aura blitzt es jetzt rot, gelb und schmutzig grau bis braun durch die dichteren Ebenen.

Die Bedeutung einer Farbe innerhalb der Aura lässt sich nicht immer genau definieren. Es zeigen sich oftmals Vermischungen, da das emotionale Gebilde aus mehreren Gefühlsstrukturen zusammengesetzt ist. So kann auch die Intensität der Gefühle im Astralbereich in den hinteren Ebenen abnehmen oder von anderen durchdrungen werden.

Es existiert eine unglaubliche Vielzahl von Gefühlen und Gedankengebilden, und ihre Ausrichtungen umfassen die unterschiedlichsten Schwingungszustände. So ist es eine hochinteressante Aufgabe, sich selbst zu erkennen und somit auch den Mitmenschen besser zu verstehen, wenn man tiefere

Einblicke in die Geschehnisse in den feinstofflichen Körpern und Ebenen besitzt.

Im Kausalkörper zeigen sich die tieferen Wesenszüge einer Seele. Die Reife und die Seelenentwicklung lassen sich hier anhand der schönsten Farben bestimmen. Dieser feinstoffliche Körper mit seiner Aura wird kaum mit den scheinbaren »Alltäglichkeiten« konfrontiert. Die Gegebenheiten hier weisen mehr Stabilität auf, und sind höheren Ursprungs.

Aus uralten Überlieferungen ist bekannt, dass sich hinter der Kausalebene weitere Ebenen befinden, die sich mit den bislang bekannten Ebenen in ihrer Gesamtheit auf sieben Unterteilungen erstrecken und im weiteren Verlauf in die rein geistigen Ebenen weiterführen.

Es zeigt sich hinter der letzten Feinschicht des Kausalkörpers mit seiner Aura eine Energieform, die sich wie eine Barriere des lichtvollen Geistes zeigt. Hier scheinen die Bildekräfte, die ja nach wie vor noch feinstoffliche Materie darstellen, nicht mehr in der bisher gekannten Dichte aufzutreten. Die Ebenen dahinter wirken geistiger. Sie bestehen aus lichtvoller Energie und einer sehr feinen Struktur.

Diese Barriere kann nichts Negatives überwinden, keine Lieblosigkeit und kein schlechter Gedanke haben die Möglichkeit, bis hier vorzudringen. Diese Ebenen strahlen in reinstem Licht und übersteigen jegliche menschliche Vorstellungskraft. Dort empfindet jede Seele ein so großes Maß an Vollkommenheit, eine solche Liebe, dass diese einen Menschen, wollte er jene Energie in einem materiellen Körper vollständig erleben, wohl zerschmelzen ließe. Es lässt sich eine solche Intensität von tiefster Liebe empfinden, wie es vielleicht nur selten in einem Erdenleben verspürt werden kann. Der Weg in diese geistigen Ebenen ist das einzige wahrhaft erstrebenswerte Ziel.

So kann die Kenntnis der Vorgänge und Zusammenhänge innerhalb der Aura zu tiefen Erkenntnissen führen. Der

Mensch kann sich selbst besser verstehen und somit auf sein Umfeld klarer und mit größerer Übersicht reagieren. Die Verhaftungen an den persönlichen emotionalen und gedanklichen Strukturen lenken ihn nicht mehr von der Einsicht in das Gesamtgeschehen ab, und die Möglichkeiten der Mithilfe für das Umfeld können sich verstärken. Durch die Auflösung von Blockaden kann die reine Schöpferenergie stärker fließen.

Je intensiver diese Urkraft im menschlichen Energiesystem fließt, umso weiter kann sie sich in der Gesamtheit der Aura ausdehnen und sich allmählich in der Form einer Kugel zeigen. Sie strahlt intensiver aus sich selbst heraus, da sie mit der Schöpferkraft schwingt und daraus ihre Energie bezieht.

Je mehr Problemfelder innerhalb einer Aura gereinigt und noch ungeordnete Strukturen ausgerichtet wurden, umso stärker kann die innere Kraft durch alle Bereiche strömen. Jene Kraft, die dem Menschen aus den höheren Ebenen zuteil wird. Sie durchdringt ihn mit Liebe, Vertrauen und Stärke und unterstützt die Persönlichkeit auf ihrem Lebensweg. Es liegt an jedem Menschen selbst, ob er sich nach ihr ausrichtet und ihr die Tore öffnet.

4. Die Aura des Ätherkörpers

Diese Aura steht dem materiellen Körper am Nächsten und ist gleichzeitig der dichteste Bereich der feinstofflichen Energiefelder. Die Äther-Aura umschließt nicht im gleichen Umfang wie beim Astral- und Mentalkörper einen eigenständigen Körper, welcher somit als Ätherkörper bezeichnet werden würde, sondern sie strahlt aus dem materiellen Körper ab, setzt somit am materiellen Körper an und umstrahlt ihn im Abstand von drei bis fünf Zentimetern. Auch die Schwingungszustände des materiellen Körpers sind in sieben Unterteilungen zu gliedern, wovon der Ätherbereich die feinste Ebene darstellt. Wollte man den Ätherkörper isoliert darstellen, würde man ein starkes Verbindungsnetz von energetischen Kraftlinien und Feldern sehen, die der inkarnierten Persönlichkeit in ihrem Körperdasein die notwendigen lebenserhaltenden und formenden Energien zuströmen lassen.

Dieses Verbindungsnetz wird von tausenden kleineren Energieströmen durchzogen und weist eine starke Verbindung zu den Nervenfasern des materiellen Körpers auf. Die genaue Anzahl dieser Energielinien lässt sich schwerlich bestimmen. Einige dieser Netzwerke verfügen über eine intensive Verbindung zu bestimmten Feldern des Planetenkörpers.

Diese Ätherstrukturen sind teilweise stark mit dem Astralkörper verbunden, da Probleme oder Gefühlskonzentrationen aus den Astralebenen in sie hineinwirken.

Die Abstrahlung dieser Aura zeigt den gesundheitlichen Zustand des Körpers auf. Sie erscheint bei einem gesunden Menschen wie sprühende Energiefäden, die unablässig aktiv sind und Energie abstrahlen. Diese Energie wird auch aus den feinstofflichen Energiezentren, den Chakras, aus der Astralebene sowie von den höheren Ebenen gespeist. Ist der Mensch im Feinstofflichen in Harmonie und Ausrichtung, so kann diese Kraft, die den Lebensodem ausmacht, ungehindert strömen. Sie kräftigt den Menschen, stärkt und erhält seine Gesundheit.

Auch ist die Äther-Aura von unglaublich vielen feinen energetischen Verbindungslinien durchzogen, die in der energetischen Medizin bei einer Unter- oder Überversorgung ausgeglichen werden.

Wird zum Beispiel ein Körperteil krank, so sieht man deutlich, dass die springbrunnenähnlichen Energieabstrahlungen kaum mehr aktiv sind oder geknickt und flach am Körper aufliegen.

Wird bei einem Unfall ein Glied vom Körper abgetrennt, geschieht es häufig, dass durch den Schock die innere Heilkraft nicht in der Lage ist, die energetischen Trennungen und Abkoppelungen vorzunehmen, und die kompletten Energieströme bleiben bestehen. So ist der Körperteil zwar physisch nicht mehr da, aber energetisch-feinstofflich ist das System noch vorhanden und im Einsatz. Dies führt zu Phantomschmerzen, da der Energiefluss natürlich extrem gestört ist und die feinstofflichen Informationszentren immer noch ihre Erlebnisse an die Gesamtperson abgeben, was als Schmerz und ungutes Gefühl wahrgenommen wird.

Wird der Körper von fremden Energiefeldern umlagert, so kann die Energieabstrahlung an dieser Stelle vollständig unterdrückt werden, was meist zu Hauterscheinungen und starkem Energieverlust führt. Manchmal sieht man solche Fremdeinheiten greifarmähnlich sich über den Ätherbereich ausdehnen. Das Zentrum wirkt dunkel und die Greifarme können tief in das feinstoffliche Versorgungssystem der

Organe eindringen. Die Fremdanlagerungen können das Ausdehnungsfeld der Äther-Aura auch um vieles überschreiten und langsam in die Bereiche der Astralebenen vordringen.

Im Gegenzug dazu drückt sich ein fremdes Energiefeld, welches darauf ausgerichtet ist, einem bestimmten Menschen etwas aufzuzwingen, langsam von der Astralebene in den Ätherbereich hinein. Derartig ausgerichtete Einheiten versuchen nicht nur in die Gedanken- und Gefühlswelt einzudringen, sondern bemühen sich zusätzlich, auch aktiv das körperlich-energetische Geschehen zu beeinflussen, um noch mehr Druck und Macht ausüben zu können. Nicht selten werden von solchen Fremdbesetzungen stetig Informationen an den Absender gemeldet, um diesen über den Zustand des befallenen Menschen zu informieren. Solche geschaffenen Wesenheiten nutzten seit alters her die Magier vieler Kulturen, um Kontrolle und Macht auszuüben. Bei Bedarf wurden die Energieeinheiten auch dazu verwandt, um den lebenserhaltenden Strom aus den feinstofflichen Bereichen gänzlich abzubrechen und somit den leiblichen Tod zu verursachen. Zu diesem Zweck wurden auch Energiegeschöpfe geschaffen, die des nachts im Schlaf, bei Austritt des feinstofflichen Körpers aus dem materiellen, meist unbemerkt über einen gewissen Zeitraum die Silberschnur zerstörten, was eine Rückkehr der Seeleneinheit in den Körper verhinderte. In der heutigen Zeit werden glücklicherweise nicht mehr so viele solcher Wesen neu erschaffen, wie dies in einer bestimmten Zeitepoche des Planeten der Fall war; aber bestehende Einheiten, die nur darauf warten, aktiv zu werden, richten leider häufig immer noch großen Schaden an, da sie von den wieder inkarnierten Altmagiern unbewusst eingesetzt werden und ihren Dienst leisten möchten.

Der unbewusste Einsatz von in der Vergangenheit aus Machtgier geschaffenen Wesenheiten ist eine weitgehend unterschätzte, aber tatsächliche Gefahr. Der Benutzer ist sich ihrer nicht bewusst, erlebt aber stets eine Durchsetzung seiner Ziele. Dadurch ist er nicht nur erneut für seine eigenwilligen Taten verantwortlich, sondern trägt auch weiterhin die Verantwortung für seine »Geschöpfe«.

Der Ätherbereich wird häufig von Wesenheiten benutzt, die dem Menschen nachts Energie rauben. Dies können auch lebende Menschen sein, die sich stets aus bestimmten Gründen energetisch an einen Menschen heften und ihm fast den Atem (Odem) rauben. Im Volksmund sagte man dazu: »Heute Nacht hat mich wieder die Hexe gedrückt.« Solch ein Energieabzug wird als extremer Druck auf die Brust empfunden, mit starker Einengung, die intensiv den Körper blockiert, vor allem das Atmen, und mit starken Angst- und Beklemmungsgefühlen einhergeht. Instinktiv wird oft ein Gebet ausgestoßen, um sich mit helfenden Kräften und Wesen zu verbinden und den Angriff abzuwehren.

Die Zahl dieser Wesen und Energiefelder sollte nicht unterschätzt werden, und beim Betrachten und Erleben solcher Vorgänge könnte leicht große Angst entstehen. Jedoch sollte dem Menschen immer bewusst sein, dass es einen bestimmten Grund haben muss, wenn ein derartiges Vorgehen von der geistigen Führung zugelassen wird. Entweder es existiert eine selbst geschaffene ähnliche Einheit, eine ungute Verbindung in magische Bereiche, oder es gilt, eine Altlast mit dieser Person zu verarbeiten. Auch kann es zur Prüfung der Liebesfähigkeit für einen Menschen selbst dienen oder in besonderen Fällen dem angreifenden Wesen durch Läuterung Unterstützung zuteil werden.

Die Farbe der gesunden Energiestrahlung zeigt sich meist bläulich, zuweilen auch leicht violett. Im Zustand der intensiven Verbindung mit der Schöpferkraft zeigt sich die ätherische Aura über der Herzgegend auch in zartem Rosa.

Innerhalb von Lösungsprozessen, z.B. bei einer Krankheit, verändert sich die Ausstrahlung entsprechend dem jeweiligen Bild und Inhalt des Problems. So kann man dunkle Energiekonzentrationen betrachten, die sich tief in den materiellen Körper, innerhalb des Feinstofflichen, hineinbohren und etwa eine Organfehlfunktion verursachen. Häufig sind Verletzungen oder Krankheiten aus früheren Inkarnationen die Ursache, da sie unter Schock zum leiblichen Tod führten und die Information in die Feinstofflichkeit und somit in die nächste Inkarnation mitgenommen wurde. Zuweilen zeigt sich ein Energieverlust auch durch eine Delle innerhalb der Aura, welche sich in ihrer Ausdehnung somit nur knapp über dem materiellen Körper befindet.

Ein empfindsamer »Handaufleger« kann die Abstrahlung der Äther-Aura als Wärme mit den kleinen Hand-Chakras empfinden. An Stellen, an denen eine Störung vorliegt, wird die Abstrahlung als kühl empfunden, über den Bereichen, bei denen sich eine erhöhte Konzentration oder Ansammlung von angestauter Energie befindet, lässt sich eine gewisse Hitzeempfindung in der Hand und eine Aufregung im Gemüt erleben.

Die Äther-Aura lässt sich, wie auch die übrigen Auren, nicht isoliert erleben. Sie steht in direkter Verbindung mit den übrigen Aura-Feldern. Sie besitzt ihre spezielle Funktion und Aufgabe, wirkt aber dennoch mit den übrigen Ebenen als Einheit.

5. Die Aura des Astralkörpers

Der Astralkörper ist in seiner Form und Größe identisch mit dem materiellen Körper. Er ist der Körper, in dem die Seele in den feinstofflichen Welten als dichtester Leib bestehen kann. Mit ihm verlässt der Mensch im Normalfall im Schlaf seinen Körper und begibt sich auf die Reise in die feinstofflichen (astralen) Welten. Hier erfolgt je nach Bedarf eine Energieaufladung, Kontakt mit höheren Wesen oder Arbeits- und Schulungsmöglichkeiten. Es gibt unbeschreiblich viele astrale Welten, in denen Seelen in Astralkörpern leben und sich entwickeln, die ebenfalls nachts besucht werden können.

Man kann diesen Körper auch den Leib der Begierden und Emotionen nennen, da in ihm die gefühlsmäßigen Ausrichtungen einer jeden Seele enthalten sind. Da diese Emotionen dem dichteren Schwingungsbereich zugehören, sind sie auch im dichtesten feinstofflichen Körper enthalten.

Bei der Entstehung eines Gefühls, etwa wenn man unbedingt etwas besitzen möchte, kann man deutlich sehen, wie aus dem freien Fluss der Schöpferkraft eine Verdichtung heranwächst. Würde der Mensch das Leben und das, was ihm geschieht, fließen lassen, müsste er keine Energien für solche Emotionen aufwenden. Da die Persönlichkeit aber immer wieder von solchen Begierden bestimmt wird, kann sie sich nicht davor schützen, sondern darf erkennen und dem Bereich in sich erklären, dass dies sicher nicht der Weg der Liebe ist. So kann man sagen, dass zur Produktion eines solchen Gefühls Schöpferkraft genutzt wird, die dafür nicht vorgesehen war. Der Mensch hat durch diese Emotion eine »Fehlschöpfung« geschaffen, die er irgendwann wieder aufzulösen hat.

Dies ist ein geistiges Grundgesetz, welches bislang immer seine Wirkung zeigte. Bei Erkenntnis und Reue sind die den Menschen umgebenden Wesenheiten stets bemüht, ihm bei der Auflösung solcher Ballungen zu helfen, die Grundauflösung muss jedoch selbst erkannt und verarbeitet werden.

Die Ausstrahlung dieses Astralkörpers nennt man die Astral-Aura, die den astralen und bei der Inkarnation den materiellen Körper, der die gleiche Größe besitzt, um bis zu 1,5 Metern überragen kann.

Die Astral-Aura ist im Normalfall mit einem stabilen Energierand abgeschlossen und hat die Form eines Ovals. Bei weniger liebevollen Menschen kann der Rand der Astral-Aura grob zerklüftet und diffus erscheinen.

Obwohl die Astral-Aura und der Astralkörper in ihrer Bezeichnung als eine Aura und ein Körper bezeichnet werden, sind sie doch sichtbar in sieben Unterteilungen oder Ebenen gegliedert.

Auf den ersten Blick sieht man in dieser Aura die Fülle und Ansammlungen der zurzeit bestehenden Gefühle der jeweiligen Persönlichkeit, schaut man jedoch tiefer, kann man die dahinter gelagerten, feineren Bereiche erkennen.

In der Astral-Aura kann man deutlich den Gefühlszustand einer Persönlichkeit ausmachen. Im zuerst sichtbaren Bereich lässt sich der momentane Gefühlshaushalt erkennen. Dieser ist je nach emotionalem Zustand kurzfristig stark veränderbar. Gerät z.B. ein Mensch in große Wut, so durchdringen blitzförmige dunkelrote bis rotbraune Energieausbrüche die Aura. Diese starken Gefühlsausbrüche strömen auch über den Aura-Rand hinaus in den Raum, in dem sich ein Mensch in diesem Zustand befindet. So kann ein anderer empfindsamer Mensch sehr wohl wahrnehmen, wenn es in einem Raum zuvor »geraucht« hat, da diese Emotionen wie Energiewolken aus dem Verursacher geströmt sind und in der Atmosphäre hängen. Es kann bis zu einigen Stunden dauern, ehe der Raum wieder weitestgehend neutralisiert ist.

Solche starken Energien werden bei einem einmaligen Ausbruch innerhalb der Energiefelder des Körpers nach etwa drei Tagen wieder ausgeglichen. So lange hängen die Farbwolken und Empfindungswellen in der Aura der betreffenden Person und verbrauchen Energie, bis die Aura wieder gereinigt wurde. Gerät der Mensch allerdings öfters in Wut, so baut sich mit der Zeit ein deutlich stabileres Feld auf. Es dringt tiefer in den Astralleib und die hinteren Aura-Schichten ein und nimmt an Kraft und Dichte zu. Mit der Zeit führt dies zu starken emotionalen Verspannungen und einem erhöhten Energieverlust.

Verändert sich der Lebensumstand, der diese Wut dauernd erzeugt hat, so wird bei der betreffenden Person die Erneuerung der Wut aufhören, die abgelagerte Wut bzw. Energie in den äußeren astralen Schichten der Aura wird allerdings noch weiter herumgetragen.

Um hier ebenfalls eine Reinigung bzw. eine Ausrichtung auf die Liebe zu erreichen, wird durch das höhere Selbst und geistige Helfer eine Lebenssituation erzeugt, die innerhalb des Erlebens die Erkenntnis zulässt, dass solch ein Feld noch vorhanden sein muss. Diese Annahme der Gefühle ist nicht sehr angenehm, aber notwendig, da es im Erdenleben um mehr geht, als nur um das persönliche Wohlbefinden. Die Aufarbeitung alter Probleme und die Reinigung der Körper steht für die Seele an oberster Stelle. Somit wird es in der wahren Realität, in den feinstofflich-geistigen Welten, der Seele letztendlich besser gehen. Die Persönlichkeit im Erdenleben hat dagegen die Aufgabe, an diesen Bereichen zu arbeiten.

Leider nimmt sich die Persönlichkeit im Erdenleben meist

so wichtig, dass sie an diese Hintergründe überhaupt nicht denkt bzw. nicht bereit ist, an ihren mitgebrachten Aufgaben zu arbeiten.

Hat ein Mensch in seiner Jugend einmal einen anderen Menschen gestoßen oder verletzt, so lagert sich diese Situation in den äußeren Schichten der Astral-Aura ab. Irgendwann wird ihm dann eine ähnliche Situation widerfahren, in der er selbst vielleicht in der Straßenbahn gestoßen und angerempelt wird. Er hat nun die Möglichkeit, diese Situation als solche anzunehmen, oder er produziert erneut aggressive Energie und geht gegen die Situation oder den Menschen vor. Dann wird natürlich keines der Energiefelder gereinigt, sondern erneut Energie dazu verwendet, um harte, lieblose Felder zu erzeugen. Das angestaute Feld hat sich somit nicht aufgelöst.

Die Farbe der Astral-Aura ist durch die individuellen Ausrichtungen sehr unterschiedlich, verändert sich aber bei zunehmender Liebesfähigkeit in pastelle Farbtöne. Das Gefühl, einem Menschen innerhalb einer solchen Aura zu begegnen, ist sehr weich und angenehm.

Wenn eine Persönlichkeit eine intensive Ausrichtung auf weltliche Macht, Rechthaberei oder Besitzgier aufweist, kommt es zu starken Verdichtungen und Spannungen innerhalb der Astral-Aura. Diese Ausrichtungen durchdringen alle Astralebenen und verdunkeln das Energiefeld. In der Aura eines solchen Menschen fühlt man sich wie unter Spannung, und die Hektik und Härte dringt in das eigene Energiefeld ein und versucht sich auszubreiten. Wenn eine Persönlichkeit sich zu stark auf die Welt ausrichtet, kann sie extrem verhärten und der ausgleichende, beruhigende Fluss aus den höheren Ebenen wird blockiert. So werden auch die Chakras in ihren Eigenschaften geschwächt und teilweise zum Aussetzen gebracht, wodurch der Energiehaushalt bis aufs Äußerste geschwächt wird. Das schaut sich die Seele zum Glück nicht immer und auch nicht lange an, sondern wird dem Menschen eine Lebenssituation schaffen, in der er sein Tun überlegen und sich wieder auf die höheren Werte ausrichten kann.

Wenn es für einen Menschen Zeit wird zur Verarbeitung eines ganz bestimmten Problembereiches, kann sich diese Ansammlung als Druck oder Störung des körperlichen Heilstromes äußern. Die Organversorgung aus den feinstofflichen Ebenen nimmt ab. Das Organ wird krank. Somit reagiert der materielle Körper und auch die Äther-Aura, die diese Energieunterversorgung aufzeigt und somit die Möglichkeit gibt, ein bestimmtes Problem zu erkennen, an ihm zu arbeiten und sich in seiner Gesamtheit besser zu begreifen.

Die Astral-Aura und der Astralkörper können somit sowohl als Empfindungsebene als auch als Empfindungsleib bezeichnet werden.

Die größte Aufgabe im Leben eines Menschen ist die Erkenntnis von Gefühlen, ihrem Aufbau und ihrer Wirkungsweisen sowie die mühevolle Arbeit, die Grundmuster so auszurichten, dass möglichst wenige davon erneut produziert bzw. alte Muster verarbeitet werden.

Emotionen stellen eine stark verdichtete, feinstoffliche Schöpferkraft dar, die dem freien Fluss der Liebe störend entgegenwirken. Mit Emotionen werden nicht die wahren Gefühle der Liebe bezeichnet, sondern aus dem Eigenwillen entstandene Emotionen wie Leidenschaft, Besitzgier, Neid, Missgunst oder ähnliche. Das Gefühl der reinen Liebe existiert ohne Anspannung, es bringt den Körper und die Empfindungswelt nicht in Wallung, sondern unterstützt ohne Druck und Zwang eine Seele auf ihrem Heimweg.

Innerhalb der Astral-Aura sind auch die feinstofflichen Energiezentren, die Chakras, gelagert. Sie befinden sich über dem Astralleib und reichen je nach Entwicklungsstand einige Zentimeter in die Astral-Aura hinein. Über diese Chakras erfolgt ein Energieaustausch, der für den Menschen in seinem Körper lebenserhaltend und unerlässlich ist. Die Chakras sind in steter Bewegung und im Austausch mit allen feinstofflichen Ebenen und sind untereinander über eine Energiesäule, in der Entsprechung der Wirbelsäule, miteinander verbunden. Über diese Chakras kann sich der Mensch weit in die geistigen Ebenen hinein mit der höchsten Schöpferkraft verbinden.

Die Chakras sind ebenfalls im Ätherbereich sichtbar und können auch in den höheren Auren wahrgenommen werden. Sie schwingen dort entsprechend der jeweiligen Ebene und verbinden die Energieströme untereinander.

Wären alle Chakras blockiert, dauerte es nur kurze Zeit und eine Seele müsste sich aus dem Erdenleib verabschieden. Es könnte noch eine kurze Zeit überbrückt werden, aber dann wäre die Energiereserve aufgebraucht. So versuchen die umliegenden Chakras in solch einem Fall die notwendigen Energiereserven und Umgehungskanäle zu aktivieren und Blockaden auszugleichen, jedoch sind diese Bemühungen je nach Intensität nur von kurzer Dauer.

Es befinden sich sieben Haupt- und vierundzwanzig Neben-Chakras über den Körper verteilt in der Astral-Aura und in ihren Entsprechungen in den jeweiligen weiteren Auren. Das höchste Chakra, das Kronen- oder Scheitel-Chakra, kann sich je nach Entwicklungsstand weit nach oben und in die Breite ausdehnen. Von manch hellsichtigem Maler wurden die Heiligen mit der Größe dieses Chakras, dem Heiligenschein, gemalt. Die sechs weiteren Chakras haben beim Durchschnittsmenschen einen Durchmesser von zehn bis fünfzehn Zentimetern.

Sie durchdringen alle sieben Schichten der Astralbereiche und haben unterschiedliche Aufgaben. Sie sind den körperlichen Drüsen zugeordnet und stehen in enger Verbindung mit den Funktionen und dem Aufbau des menschlichen

Körpers. Nicht nur aus den feinstofflichen Ebenen werden Energieströme registriert, sondern sie werden ebenfalls von außen aufgenommen und fließen der Persönlichkeit für deren Aufgaben zu.

Ebenso durchzieht ein Energiesystem den Astralkörper, das in der traditionellen chinesischen Medizin als das Meridian-System bezeichnet wird. Zu diesen gröberen Energiebahnen sind noch beträchtlich viele feinere Energiekanäle zugeordnet, die ebenso zur harmonischen Gesundheit eines Menschen beitragen.

Angestaute Emotionen oder lieblose Gedanken eines Menschen können großen Einfluss auf seine Energiefelder ausüben. Sie werden zuerst auf der Empfindungsebene wahrgenommen und später, wenn sie nicht verarbeitet worden sind, können sie als körperliche Krankheit registriert werden.

Zum Wohle des Menschen hat der Körper große Möglichkeiten, um solche Emotionen zu verarbeiten. Vor allem der Darmbereich dient der energetischen Aufarbeitung, und der Magen nimmt manchmal eine geballte Konzentration von Emotionen auf sich. Es hat keinen Sinn, dann auf den Magen zu schimpfen, wenn er über Schmerzen aufzeigt, dass etwas nicht stimmt, sondern man sollte bei sich selbst suchen, welche Emotionen es denn sein könnten, wo es an Liebe und Hingabe mangelt, wo vielleicht Unzufriedenheit herrscht oder welches Problem ansteht, um verändert zu werden.

Wenn der Mensch auf seine Emotionen hört und lernt, welchen Inhalt und welche Ausrichtung sie innehaben, kann er große Schritte zur Klärung seiner Aura vornehmen.

Hat eine Persönlichkeit in ihrer Kindheit erlebt, dass die Eltern ständig den heranwachsenden jungen Menschen als untauglich betrachteten und ihm ständig verbal vermittelten, dass sie ihm nichts zutrauten, weil er sowieso alles falsch machte und nur die Eltern alles richtig machen, kann sich im

Empfindungsfeld dieses Kindes ein extrem starkes Feld der Minderwertigkeit gebildet haben. Es verstärkt sich mit der Zeit so stark, dass alle Empfindungsbereiche durchdrungen werden und die Dichte und Ausstrahlung dieses Feldes einen großen Raum einnehmen.

Da sich in den vielen Jahren der Kindheit immer wieder dasselbe Spiel ereignet hat, erwartet dieser junge Mensch natürlich bei jeder Gelegenheit, wieder von den Eltern als minderwertig dargestellt zu werden und nicht in der Lage zu sein, seine Angelegenheiten selbst in die Hand zu nehmen oder gar Erfolg zu haben. Es entsteht in ihm ein großer Widerwille gegen die Einwirkungen von außen, da er nichts anderes erwartet, als erneut als minderwertig eingestuft zu werden.

Entfernt sich dieser Mensch im Erwachsenenalter von den Eltern, hat er nun die Möglichkeit der Veränderung. Allerdings sind die Programme der Erwartung, dass das Umfeld ihn wieder nur als untauglich einstuft, durch die Menge an zugeführter Energie und durch das ständige Erleben und Erfühlen innerhalb der Situationen extrem stark. Solche Bereiche werden ab einer bestimmten Menge von zugeführter Energie selbstständig und folgen, gemäß ihrer Prägung, nun weiterhin diesen Mustern. Sie wissen nichts anderes, und bevor sie nicht neu »programmiert« werden, versuchen sie, ihre Gedankengebilde und Emotionen aufrechtzuerhalten.

So kann ein neuer Kollege z.B. durch eine Aussage, wie er etwas tun sollte, bei diesem Menschen eine Reaktion hervorrufen, die ihm das Programm aufzeigt, es sei immer noch das Gleiche, alle wollten ihn immer nur als untauglich einstufen. Dies entspricht meist gar nicht der Realität, sondern wird stetig von diesem aufgebauten großen Energiefeld verdreht und auf dieses Muster gebracht. Der so geblendete Mensch kann nicht mehr klar sehen. Er lebt in seiner eigenen Empfindungswelt.

Erst wenn er erkennt, dass das jetzige Umfeld nichts mehr mit den Prägungen aus dem Elternhaus zu tun hat und der Schöpferwille niemals ein Wesen als minderwertig einstuft, kann er sich davon lösen. Lernt er mit der Zeit, durch Liebe und Verständnis, vor allem auf sich selbst zu hören, wird er das aufgestaute Energiefeld bald überwunden haben.

Auch hier sind es wieder die Emotionen, die über Reaktionen im Umfeld dem suchenden Menschen die notwendigen Hinweise geben, in welcher Richtung er bei Problemen zu suchen hat und die ihm über das Gefühl mitteilen, wie ihre Prägungen gestaltet sind.

6. Die Aura des Mentalkörpers

Der Mentalleib nimmt ebenfalls die Größe des menschlichen Körpers ein. Die Mental-Aura hingegen kann den Leib um bis zu drei Meter überragen.

Auch hier sehen wir eine Unterteilung in sieben Feinschichten, die im weiteren Verlauf in den Kausalleib übergehen. Man könnte den Mentalkörper als den Sitz des Intellektes oder des Verstandes bezeichnen.

In diesem Körper befindet sich der Aufbau von Gedankenstrukturen. Hier werden Gedankenmuster gebildet, und die verschiedenen Formen der Gedanken sind hier je nach Größe und Ausrichtung abgelagert. Da sich zu den meisten Gedankenformen Emotionen gebildet haben, sind die Gedankenstrukturen häufig eng mit den Emotionen verbunden. So sieht man bei der genauen Betrachtung einer emotionalen Energie im Astralleib zumeist auch die weiterführende Energiestruktur aus Gedanken in der Mental-Aura.

Je intensiver eine Seele an sich arbeitet und noch niedere Bereiche vervollkommnet, umso schöner und strahlender wird auch die Mental-Aura.

Sie erscheint feiner als die Astral-Aura, jedoch können bestimmte Gedankenmuster eine intensive Härte aufweisen. Wenn etwa ein Mensch auf einen anderen intensive Besitzansprüche erhebt, so kann man eine greifende Form sehen, die sich wie eine Art Widerhaken oder Fangarm ausstreckt. Die Form ist starr und kalt wie Eisen. Mit dem entsprechenden Druck und Zwang auf die betreffende Person arbeitet sich das Energiefeld dieser »Schöpfung« weit über die Aura hinaus und greift energetisch nach der Person, auf die der Besitzanspruch gerichtet ist. Dieser Mensch hat dann das Gefühl, als würde nach ihm »gegriffen« und er fühlt sich sehr beengt und bedroht. Deutlich kann man den Angriff in der Aura sehen, und der freie Wille sowie die geistige Entwicklung wird extrem beeinträchtigt.

Die starken Emotionen, die zu dieser Machtausübung gehören und sich im Astralbereich befinden, steigen zwar nicht bis in die Mentalebene auf, jedoch sind die Verbindungen zu den bestimmenden Gedankenmustern in solch einem Fall sehr stark ausgeprägt.

Das gesamte Energiesystem dieses Menschen wird starrer und in sich verkrampfter, und der fließende, heilende Strom der bestehenden freien Schöpfer- und Heilungskraft kann sich nur schwerlich entfalten. Manchmal erkennen solche Seelen diese Ausrichtungen nicht – oder wollen sie nicht erkennen – und müssen nach dem Erdenleben schmerzhaft begreifen, in was sie sich verwickelt haben. So bleiben sie auch durch diese Situation an das Rad der Wiedergeburt gebunden. Die umherirrenden, unerlösten Energiestrukturen, die sich auf diesem Planeten befinden, freuen sich darüber, dass sie weiterhin einen Zuträger haben und somit mit Energie versorgt werden.

Nichts, was geschieht, vollzieht sich nur für eine Person allein. Alles ist auf eine gewisse Art miteinander verwoben. Zum einen treten die Seelen miteinander in einen Austausch und zum anderen kann es zu Kontakten mit Wesen kommen, die sich in den dunklen Bereichen um diesen Planeten befinden. Diese werden in der Inkarnation einer Seele immer wieder versuchen, Zugriff zu bekommen, um die Persönlichkeit zu Handlungen aus niederen Beweggründen zu motivieren und sie in die Versuchung von Macht oder Missbrauch zu führen.

Sie sind wie abgeschnitten aus der Versorgung und dem Energiestrom der lichten Schöpferkraft. Sie sind verhärtet und haben meist nur ein Ziel – Energie von inkarnierten Seelen zu bekommen. Indem sie diese zu heftigen Emotionen und niederem Denken bewegen, können sie diese Energien abziehen, da ihnen selbst der Zugang zu derartigen Kräften fehlt. Einflüsterungen und ein Anstacheln der niederen Instinkte einer Person sind nur eine Form jener Aktivitäten.

So dienen manche Seelen leider anderen Energien und Wesen und verfehlen die Möglichkeit, in Ausrichtung auf ihre göttliche Seele, an ihrer eigenen geistigen Entwicklung zu arbeiten und sich auf die Liebe auszurichten.

Bei manchen Menschen ist das Denken in der Regel völlig unkontrolliert. Es wird dieses und jenes gedacht, ohne dass der »Denker« dies überhaupt mitbekommt. Nach einer Weile hat er den Kopf voll und weiß eigentlich überhaupt nicht, um was es geht. Die Energie wird in die Entstehung von Gedankenstrukturen verwendet, die sinn- und planlos in der Mental-Aura schwingen und dem Menschen keinen Nutzen bringen. Sie werden gerne von freien Gedankengebilden aus der Umgebung genutzt, um Einfluss auf die jeweilige Person auszuüben und wieder Energie für deren Erhaltung zu bekommen. So üben Gedankenstrukturen, auch von fremden Menschen, Macht und Einfluss aus und nehmen der jeweiligen Persönlichkeit die Möglichkeit, zu klarer Erkenntnis und geistiger Ausrichtung zu gelangen.

Auch kann ein Mensch, der sich mit unreinen Gedanken auseinander setzt, von diesen mit der Zeit beherrscht werden. Immer mehr übernehmen sie die Eigenständigkeit dieses Menschen. Ist er mit alltäglichen Dingen beschäftigt, so mögen sie bisweilen ihre Wirkung nicht zeigen; legt dieser Mensch aber am Abend zum Beispiel seine Arbeit nieder, wird er sofort von diesen Gedankeneinheiten umhüllt und wird von ihnen bedrängt, damit er sie erneut denkt und ihnen somit Energie übergibt.

So existiert beispielsweise auf diesem Planeten ein Energiefeld, das seine Energie darüber bezieht, dass sich die Menschen über ihre Mitmenschen aufregen, sie verurteilen und ihnen die freie Meinungsäußerung und unabhängige Entscheidung streitig machen. Sobald ein Mitmensch vorbeigeht, der vielleicht ungewöhnlich gekleidet ist oder Dinge tut, die man scheinbar und gewöhnlich nicht tut, wird die jeweilige Person aktiviert, über diesen herzuziehen oder ihn zu verurteilen. Diese Gedanken sind meist mit vielen Emotionen bekleidet und sind somit noch verstärkt. Jedes Mal wird dem Verursacher sehr viel Energie entzogen, da er sich von der Urkraft trennt, also »urteilt«, und diese Kraft wird auf das globale Feld übertragen. Dem Energiespender wird kurzzeitig ein Gefühl der Befriedigung übermittelt, ansonsten würde er aufhören, in dieser Art fortzufahren und könnte eher das Vorgehen begreifen. Solange die jeweilige Person nicht erkennt, dass er einem fremden entkörperten Wesen dient und hier lieblos gegen seine Mitmenschen handelt, ist er in diesem Kreislauf wie gefangen, und das Energiefeld jenes Wesens setzt alles daran, das »Schäfchen« bei sich zu halten.

Durch Selbstkontrolle und ein waches Leben im Alltag kann man solche Geschehnisse erkennen. Hierzu gehört eine gute Portion Mut und das Streben nach Weiterentwicklung, denn die Arbeit mit sich selbst ist sehr energieaufwändig und fordert Einsatz. Aber die Belohnung ist eine Erhöhung der Liebe und eine tiefere Nähe zum Licht. Dies innerhalb einer solchen Situation zu fühlen, ist zumeist schwierig, aber das Streben danach hilft der Persönlichkeit weiter. Der Mensch darf sich der Unterstützung durch die eigene entwickelte Seele und aus den höheren Reichen sicher sein.

Über den Mentalleib lassen sich auch Einblicke in den Aufbau der höheren Wesensglieder gewinnen und man kann erkennen, wenn die Seele in edlen Gedanken und Formen auf den Menschen einwirkt und ihn unterstützt. Diese Formen sind fließend und in ihrer zarten Farbenpracht sehr schön und klar. Sie strahlen aus sich heraus und lassen die Verbindung zur Schöpferkraft erkennen. Sie sind an ihrem Rand nicht hart abgegrenzt, sondern weich und harmonisch. Auch hier zeigt sich, dass diese Strukturen alle Ebenen der mentalen und teilweise auch der astralen Schichten durchdringen.

7. Die Aura des Kausalkörpers

Ebenfalls in sieben Ebenen ist der Kausalkörper sowie die Kausal-Aura unterteilt. Hier sind die Übergänge bedeutend fließender und können in ihrer Dichte nicht mehr so betrachtet werden wie etwa in der Astral-Aura.

Der Kausalkörper geht in eine reinere Energieform über und hat nicht mehr die härteren und scheinbar stabileren Abgrenzungen wie der Astralbereich.

Im Kausalkörper sind grundlegende Wesensmerkmale einer Seele enthalten. Der Entwicklungsstand bestimmter Tugenden, wie Nächstenliebe und absolute Ehrlichkeit, sind hier zu finden.

Diese Tugenden sind mit wundervoll weichen Farben zu sehen, die zart und doch beständig wirken. Eine nahezu silberne, leuchtende Energie durchzieht diesen Körper und die Aura. Die farbliche Beschreibung der feinstofflichen Aura ist ein schwieriges Unterfangen, da die Farben sich nicht wie in der Materie, die mit den materiellen Augen wahrnehmbar ist, aufzeigen und erklären lassen. Die Farbintensität ist bedeutend vielfältiger und umfangreicher, wogegen die Farben in der Materie nur einen Hauch von jener Intensität in der Feinstofflichkeit darstellen.

Negative Formen bzw. Bereiche, die sich nicht auf die Liebe ausrichten möchten, sind im Kausalkörper kaum mehr zu sehen. Ganz schwach nur können dunkle Bereiche, wie etwa die Ansammlung von niederem Gedankengut oder die Ausrichtung auf weltliche Macht, in diese Ebenen hineinwirken.

Entsprechend ist die Aura des Kausalkörpers. Sie enthält je nach Reife und dem Maß an Sehnsucht der Seele nach der Vollkommenheit bestimmte Farbnuancen, die sich über zarte Pastelltöne bis zum silbernen Leuchten zeigen. Sie kann viele Meter um den Menschen reichen.

In diesem Körper befinden sich die Urstrukturen einer jeden Seele. Diese werden zumeist beibehalten und sind nicht so schnell veränderbar wie in den Gedanken- und Emotionalebenen. Diese Wahrnehmungen führten zu der Aussage, dass der Kausalkörper die seelische Ausrichtung zeigt und somit das Wesen in seiner Entwicklung darstellt. Ein weit entwickelter Mensch hat eine wunderschöne Kausal-Aura, die bis zu zehn Meter und mehr über die Körperform hinausragen kann.

In dieser Aura kann der Grad der Hingabe des Eigenwillens an den Gotteswillen betrachtet werden. Je mehr diese große Kraft auf die Vollkommenheit ausgerichtet werden konnte, umso intensiver ist die Kraftquelle und Ausstrahlung der Aura. Auf dem Erdenplan denkt man oft, dass es schlecht sei, über eine große Willensstärke zu verfügen. Dies mag zutreffen, solange sie noch auf den eigenen Willen ausgerichtet ist. Je mehr jedoch der Wille der ewigen Liebe angenommen wird, umso mehr hat auch diese Liebe die Möglichkeit, auf dieses Wesen einzuwirken und diesen Zugang zur Welt zu nutzen. Es ist somit dem zuvor eigenwilligen Menschen die Möglichkeit gegeben, in seiner Entwicklung den Willen des Höchsten kundzutun. So manche große Seele durchlief die ungestümen Wellen des Eigenwillens, um zur Erkenntnis und Stärkung des Schöpferwillens zu gelangen.

Über die hohen Ideale und Bestrebungen der Seele, die sich in dieser Aura zeigen, können lichte Wesen mithelfen, bestimmte Aufgaben zu erfüllen und den Menschen in der jeweiligen Erdinkarnation zu unterstützen. Die Schöpferkräfte können über dieses Schwingungsniveau intensiver einströmen und die Möglichkeit vergrößern, den Schöpferwillen deutlicher zu spüren und das Leben darauf auszurichten.

So werden bei einer erneuten Inkarnation einer Seele die astralen und mentalen Bereiche im Feinstofflichen neu geformt und gebildet. Der Kausalkörper hat für den zukünftigen Leib meist unverändert Bestand und strahlt mit seinem Entwicklungsniveau auf die Entwicklung und Reifung der neuen Persönlichkeit aus.

In dieser Ebene ist kaum mehr eine Fremdbeeinflussung möglich oder eine Besetzung von fremden Wesenheiten, die auf Macht und Kontrolle ausgerichtet sind. Wenn man im Erdenleben mit einem Menschen beisammen ist, dem man bedingungslos vertraut, kann es trotzdem geschehen, dass er eines Tages etwas tun wird, was in vollkommenem Gegensatz zu seiner »normalen« Art steht, da es immer wieder möglich ist, dass bestimmte Teilbereiche in ihm von Wesenheiten und Energiefeldern benutzt werden, die ihn dazu bringen können, gemein und auch niederträchtig zu sein, ohne dass es die Persönlichkeit in ihrer Gesamtheit eigentlich wollte. Die Einwirkungen aus den meist astralen, aber auch aus den mentalen Ebenen können immer wieder stattfinden. Niemand ist davor gefeit, da der Mensch durch Unachtsamkeit oder auch durch Fehltritte immer wieder von seinem persönlichen höheren Selbst und in diesem Bereich von den lichten Schöpferkräften abgekoppelt werden kann und somit eine Beeinflussung stattfindet. Dies entspricht den Bestrebungen vieler erdgebundener Geschöpfe, da sie sich der Schöpferkraft von Menschen bemächtigen wollen. Dies zu akzeptieren, erfordert immer wieder großes Verständnis und setzt auch das Wissen voraus, dass solch eine Konfrontation zur Verarbeitung immer wieder notwendig wird und der Persönlichkeit dazu dienen kann, ihre Liebesfähigkeit zu verstärken und sich noch mehr auf die Schöpferkräfte einzustellen, um weitere Beeinflussungen auszuschließen. So kann die Eigenerkenntnis beträchtlich erhöht werden sowie das Verständnis, dass sehr viele Menschen in ihrem täglichen Sein unter Beeinflussung stehen, obwohl sie in ihrer Tiefe diese Untugenden nicht beherbergen, sondern ausschließlich Teilbereiche vorhanden sind, die noch nicht die Ausrichtung auf die Liebe erlangt haben.

Begegnen sich zwei Seelen in der Kausalebene, ist solch eine Beeinflussung grundsätzlich auszuschließen und die Seelen können sich erkennen und bedingungslos vertrauen. Es ist in diesem Moment eine intensive Verbindung und Nähe zu fühlen, die auf der Erde nur in sehr seltenen Augenblicken von zwei Seelen miteinander empfunden werden kann. Es existiert keine Angst vor Ablehnung oder Missgunst, und die bedingungslose Liebe, die die Seelen in sich entwickelt haben und fließen lassen können, wird untereinander gefühlt werden.

Innerhalb dieser Aura ist bei manchen Seelen eine wundervolle Verbindung zu ganz bestimmten übergeordneten Lichtwesenheiten zu sehen. Es sind höchste Entwicklungsebenen, die Gemeinschaften entspringen, die es sich zur Aufgabe gemacht haben, zu helfen, um die gefallene Schöpfung anzuheben und zu erlösen. Ständig strömen aus diesen Ebenen lichte Kräfte ein und unterstützen die Persönlichkeit in ihren Aktivitäten.

Der Reifestand des Kausalkörpers ist das Ergebnis des Strebens einer Seele und ihrer geleisteten Läuterung. Hier befinden sich deutlich stabilere und länger bestehende Seelenzüge, die in ihrem entwickelten Streben immer versuchen, auf die tieferen Bereiche einzuwirken und energetische Unterstützung zu geben.

Bei der Suche nach den Hintergründen von Lebenssituationen und Erkenntnismöglichkeiten durch die Umwelt sind jedoch hauptsächlich der Mental- und Astralkörper beteiligt, da die meisten Auswirkungen in diesen Bereichen ihre Ursache haben.

8. Der Lichtkörper

Hinter der so genannten »Barriere des Geistes« befindet sich für das hellsichtige Auge noch wahrnehmbar der Lichtkörper. Warum es vielen hellsichtigen Menschen nicht möglich ist, genauer hinter diese Barriere zu sehen, ist vielleicht dadurch zu erklären, dass durch persönliche Prägungen des Sehers doch Emotionen, Gedanken oder Ähnliches eindringen können, was die geistigen Wahrnehmungen trübt oder vielleicht sogar unmöglich macht. In alten esoterischen Überlieferungen werden die drei höheren Körper, die hier als der Lichtkörper dargestellt werden, mit verschiedenen Namen bezeichnet.

Der Lichtkörper ist geschaffen aus dem Maß an Liebe, das die Seele auf ihrem Weg empfinden und leben konnte. Man könnte ihn auch als den »Körper der Liebe« bezeichnen, da er sich verstärkt, wenn eine Persönlichkeit in der Inkarnation oder die Seele in der Seelenebene diese Liebe z.B. durch eine reine Tat der Nächstenliebe verstärkt, sich somit stärker auf die Hingabe, den Dienst und die Gottesliebe ausrichtet. Jede intensive Form von Liebe stärkt diesen Körper und vergrößert ihn.

So kann man im Anfangsstadium eines Erkenntnisweges den Lichtkörper kaum ausmachen, im weiteren Verlauf des Strebens einer Seele nach Vollkommenheit hingegen lässt sich dieser in stärkerem Maße sehen und wahrnehmen. Ihn kann nichts Unreines, Dunkles oder Liebloses berühren. Er ist der Körper, in dem sich einmal die Seele im Geistreich weiterentwickelt, wenn sie alle ihre Seelenkörper verwandelt hat.

Bei manchen Menschen ist der Lichtkörper noch sehr

schwach. Es existieren in diesem Wesen in den dichteren Ebenen noch zu viele lieblose, auf niedere Bereiche ausgerichtete Seelenteile, und die Fähigkeit zu lieben ist nicht sehr stark ausgebildet. Trotzdem ist auch er nicht von der vollkommenen Liebe abgeschnitten und es wird immer wieder versucht, dieses Wesen zu inspirieren und seine Liebesfähigkeit zu aktivieren.

So lässt sich anhand des Lichtkörpers gut erkennen, ob die Seele sich aus irdischen Bereichen herausarbeitet und sich den Lichtkörper aufbaut oder ob ein hoch entwickeltes Wesen mit einem vollkommenen Lichtkörper den Erdengang angetreten hat. Dies kann zur Stärkung seiner Zuwendung zur vollkommenen Liebe oder zur Mithilfe auch in den momentanen Zeiten des Umbruchs auf diesem Planeten geschehen.

So stellt sich für manchen die berechtigte Frage, ob ein so hoch entwickeltes Lichtwesen trotzdem noch von gefallenen Einheiten zu lieblosen Taten verführt werden oder sich in den Eigenwillen verstricken kann. Gleichzeitig drängt sich der Gedanke auf, ob auch beim Menschen selbst, wenn er einmal bestimmte Tugenden entwickelt hat, diese wieder in Bereiche der Lieblosigkeit zurückfallen können. So ist grundsätzlich davon auszugehen, dass es immer wieder geschehen kann, dass eine gut inszenierte Verführung auch zur Auswirkung kommt und bereits durchlichtete, liebevolle Bereiche wieder in den Eigenwillen oder in Begierden verfallen können. Jedoch wird durch die bereits vorhandene Verbindung zum Licht von den höheren Wesen alles unternommen, um die jeweilige Persönlichkeit wieder den rechten Weg erkennen zu lassen, damit sie sich auf den Schöpferwillen ausrichten kann. Ab einer bestimmten Stärke der Lichtkraft im Menschen wird dieser auch immer fähiger, Einwirkungen der Dunkelkräfte zu erkennen. Sein inneres Streben gibt ihm die Befähigung dazu, und je mehr Erfahrungen er gesammelt hat und je mehr Läuterungen vollzogen wurden, umso intensiver verankert sich ein höheres Bewusstsein im Menschen. Allerdings lassen sich auch hier keine grundsätzlichen Aussagen treffen, denn so manche lichtvolle Seele, die sich in die Gefahr eines großen Irrweges begeben hat, wurde durch den irdischen Tod von der Erdoberfläche geholt, damit sie sich nicht noch weiter verstricken und in die Dunkelebene hineinziehen lassen konnte.

Über den Lichtkörper ist die Seele mit der Göttlichkeit selbst verbunden, in die sie eines Tages gänzlich übergehen kann, wenn sie es wünscht.

Eine Seele, die schon sehr viel Liebe in sich trägt und sich somit einen sehr schön entwickelten Lichtkörper erarbeitet hat, erhält aus dieser Ebene einen wundervollen Kraftstrom. Diese Energie fließt als harmonischer Heilstrom und durchdringt ihrerseits die Seelenkörper mit einem silbernen Licht. Diese Kraft unterstützt die menschliche Persönlichkeit in ihrer Bewusstwerdung, Gesundung und Höherentwicklung.

Wichtig hierbei ist natürlich, dass der betreffende Mensch sich auch dieser Kraft zu öffnen vermag und sich nicht in weltliche Muster und verbohrte Meinungen verstrickt. Dann fällt es dieser Kraft schwer durchzudringen, denn sie stößt immer wieder auf Blockaden, da die Lichtkräfte nicht gegen die freie Entscheidung einer Seele vorgehen und sich auch nicht aufdrängen.

So wird ein reines Streben der Seele vorausgesetzt, um den Lichtkörper zu verstärken. Dieses Vorgehen zur Verstärkung der Lichtkräfte kann nicht von der inkarnierten Persönlichkeit selbst durch eventuelle Lichtprojektionen oder Meditationen zum Zwecke der Lichterhöhung eingeleitet werden. Es liegt ausschließlich in den geistigen Gesetzmäßigkeiten selbst, die das geistige Streben der Seele bedingen, und an der Nähe zur Schöpferliebe, die automatisch durch die Kraft der Liebe den Lichtkörper aktiviert.

Die Schöpferkraft selbst fließt über die Kanäle des Lichtkörpers und schenkt die Möglichkeit großer geistiger Erkenntnis. Über diese Energie ist der Mensch der Gotteskraft ein gutes Stück näher, und wenn er sich auf sie ausrichtet, fühlt er sich geborgen und unterstützt aus den geistigen Reichen.

9. Die Teilbereiche der menschlichen Seele

Ein sehr wichtiger Aspekt in der Betrachtung einer Persönlichkeit ist das Wissen um die Existenz unausgerichteter Teilbereiche. Es ist von großer Bedeutung, sich bewusst zu machen, dass der Mensch sehr viele Einzelbereiche in sich trägt, die sich in Form zahlloser verschiedener Denkrichtungen und Gefühlswallungen zeigen. So erlebt der Mensch täglich, wie sich in ihm eine Vielzahl von Gefühlen zeigen und die Stimmungen sehr oft und sehr heftig schwanken können. Dies alles entspricht der Vielschichtigkeit der Persönlichkeit, weshalb es schwer fällt zu erkennen: »Wer sind wir eigentlich wirklich?« Dies kann verwirren, kann dem Menschen aber auch nach einer Loslösung bestimmter Muster und Strukturen helfen, sein wahres Sein deutlicher zu erkennen.

Diese noch unerlösten Bereiche sind keine isolierten oder getrennten Wesensteile, sie sind Seelenteile, die in eigener Ausrichtung sich bestimmten Denkrichtungen hingegeben haben.

Um die Erkenntnis dieser dunklen Bereiche geht es hauptsächlich bei der intensiven Betrachtung vieler Lebensgeschehnisse, die nur über die Aura und ihre Resonanz mit der Umwelt zu verstehen sind und so auf alte Ursachen und Wirkungen hinweisen.

Der inkarnierte Mensch hat eine Vielzahl dieser Teilbereiche in das Erdendasein mitgenommen und ist in der Verbindung zur Seelenebene mit der ständigen Unterstützung seines höheren Selbst bestrebt, diesen Teilbereichen eine Ausrichtung zu geben, die der Gesamtentwicklung der Seele entspricht. Dies bedeutet, sein ganzes Wesen auszurichten auf den Strom des vollkommenen Geistes. Deshalb wird vor der Inkarnation in der Seelenebene die Zusammensetzung der sich verkörpernden Persönlichkeit besprochen und vorbereitet.

Man kann sich diese Teilbereiche wie »Kinder« vorstellen, die noch nicht zur Liebe geführt worden sind und bockig und eigenwillig ihren Willen durchsetzen möchten. Das entwickelte Gesamtwesen ist nun bestrebt, diese »Nachzügler« anzuschubsen und auf den Weg zu bringen.

So ermöglicht dem Menschen das Leben auf der Erde, wo scheinbar ohne die Korrektur höherer Gesetze diese Bereiche ausgelebt werden dürfen, eine Erkenntnis über sich selbst bzw. über seine unerlösten Wesensaspekte.

So kann es auch geschehen, dass bestimmte Teilbereiche, aus früheren Existenzen der Gesamtseele, im Erdfeld verhaftet bleiben und bei einer erneuten Inkarnation zur Erlösung in die Persönlichkeit aufgenommen werden. Der Inhalt und der Einfluss der bestimmten Teilbereiche können sehr offensichtlich sein oder auch unterschwellig fortgesetzt auf den Menschen einwirken wollen.

So sollten diese Bereiche nicht ignoriert oder gar verachtet, sondern als Teile der Seele betrachtet werden, die in Verantwortung zur Gesamtseele unterstützt werden müssen.

Für die eigenständigen Gedanken und Gefühle dieser Teilbereiche sollte Verständnis aufgebracht werden, denn sie sind lediglich noch unerfahren und auf der Suche und auf keinen Fall schlechter als Bereiche, die sich bereits auf den Strom der Liebe ausgerichtet haben.

Man kann sich die Persönlichkeit bildlich auch so vorstellen: Im Zentrum befindet sich jene Seelensubstanz, die das höchste Entwicklungsniveau trägt und in der Verbindung zur Gottheit steht, mit der wir immer verbunden sind. In den umgebenden Körpern und in den emotionalen und gedanklichen Ausstrahlungen sind die Teilbereiche und jenes

Bewusstsein angeordnet, mit denen der Mensch in diesem Leben umzugehen hat.

In den einzelnen Erdenleben werden, je nach der Bereitschaft und der Entwicklung der jeweiligen Teilbereiche, durch die Seele bzw. die geistige Führung Situationen im Leben herbeigeführt, durch die jene eigenwilligen Bereiche erkannt werden können. Die aufwallenden Empfindungen, die der Mensch in solch einem Augenblick wahrnimmt, sind somit nicht die Empfindungen der inneren, bereits entwickelten Person, sondern die angestauten, aufgebauten und produzierten Emotionen der Teilbereiche.

Es ist gewünscht, dass die Teilbereiche in ihrem Bewusstseinszustand die jeweilige Situation selbst erkennen. Sie sollen sich, so wie die ganze Seele auch, in Freiheit und eigener Entscheidung auf den Rückweg zur vollkommenen Liebe bewegen. So wird der Mensch in seinem Leben auf die Wirkungen und Ausrichtungen seiner Teilbereiche durch Resonanzen in der Umwelt aufmerksam gemacht. Zuerst mit kleinen Hinweisen, dann folgen bereits etwas »intensivere« Möglichkeiten der Erkenntnis. Versteht der Mensch dann immer noch nicht, werden die Hinweise und Situationen bedeutend stärker.

Das vollkommene Prinzip hätte durchaus die Möglichkeit, den Menschen bzw. das gesamte Seelenwesen dazu zu bringen, zu glauben oder das Vollkommene zu erkennen, indem es ihm einfach ein Wunder vorsetzte. Aber dann wäre es nicht die freie Entscheidung, sondern es wäre die unbestreitbare Tatsache, dass das Vollkommene, die reine Liebe, existiert. Das Wesen müsste sich nicht mit eigenem Streben der inneren Göttlichkeit zuwenden, sondern würde im Äußeren »wissen«. Dies würde nicht die freie Entscheidung darstellen und eine erneute Konfrontation, irgendwann einmal, mit dem so genannten »Verführer«, würde das Wesen aus der Bahn werfen und es würde nicht mit genügender Stärke erfahren haben, dass es für ihn nur eines gibt, das standhafte Streben nach der Göttlichkeit.

Angenommen, ein Mensch trägt einen Teilbereich in sich, der immer wieder besser sein möchte als die anderen und sich stets über die Mitmenschen zu erheben trachtet, um bewundert zu werden und somit Energie von seinem Umfeld zu bekommen. Für diese Ausrichtung müssen natürlich die Mitmenschen stets -energetisch - klein gehalten werden, damit das Sich-Darüberstellen auch funktionieren kann. Der Mensch hat nun eine ganze Weile diesen Bereich ausgelebt, und seine Seele sieht es nun als an der Zeit, dass die Persönlichkeit damit umgeht und diesen Bereich auf die Liebe ausrichtet. Der Persönlichkeit ist das Geschehen gar nicht richtig bewusst, sie hat einfach immer nur so gehandelt, wie der unerlöste Teil es ihr aufzwang. Nun erhält sie eine Situation, die sich sehr unangenehm darstellt, um ein Aufwachen zu ermöglichen. Sie kann nun bemerken, dass hier etwas nicht stimmt und vermag mit sich, bzw. mit dem Teilbereich »ins Gericht zu gehen«. Sollte sie jedoch eigenwillig mit dieser Ausrichtung fortfahren, wird sie, aufgrund des Resonanz-Gesetzes, ein gleich gearteter Mensch extrem demütigen oder verletzen und ihr durch das Vorspiegeln der Problematik die Möglichkeit der Erkenntnis vor Augen halten.

So sind alle im Alltag erlebten Situationen nie sinnlos oder zufällig. Sie werden stets gelenkt und geleitet und sollen etwas aufzeigen. Das Leben ist nie gegen den Menschen, sondern immer für ihn, auch wenn es manchmal schwer fällt, daran zu glauben. Es ist der Wunsch der Seele, die eigenen noch unausgerichteten Teilbereiche zu erkennen und ihnen die Möglichkeit zu geben, ihr eigenwilliges Programm zu begreifen und zu verändern.

Da der inkarnierten Persönlichkeit zumeist die Erinnerung

an frühere Erfahrungen genommen ist, kann sie immer wieder neu aus der jeweiligen Situation heraus entscheiden. Es existiert kein Schuldgefühl für irgendwelche Taten oder Bestrebungen aus früheren Erdenleben, sondern es ist immer wieder ein neuer Anfang, der die Möglichkeit einer neuen Entscheidung und eines neuen Erlebnisses bietet.

Wenn der Mensch wüsste, was er vielleicht alles angerichtet hat oder was schon alles geschehen ist, könnte er nicht unbefangen die bestehenden Strukturen und die Entscheidungen der Teilbereiche erkennen und erleben. Diese Bereiche würden sich entweder schämen oder erst gar nicht weiterleben wollen.

Die freie Entfaltung und Entscheidungsmöglichkeit birgt natürlich auch die Gefahr, dass die Bereiche nicht erkannt werden, sondern im Gegenteil noch verstärkt und niedere Beweggründe ausgelebt werden. Leider ist dies immer noch häufig der Fall, jedoch setzt die Seelenebene alles daran, um eine sinnvolle Entwicklung für die jeweilige Person zu ermöglichen.

Auf diesem Planeten ist schon so viel angerichtet worden, und in den meisten Leben ist sehr viel geschehen, so dass man nicht glauben sollte, in der eigenen Persönlichkeit seien nicht ebenso viele Bereiche vorhanden wie bei allen Mitmenschen.

Diese Form der Lebensbejahung und das Eingeständnis, mit Sicherheit selbst unerlöste Teilbereiche in sich zu tragen, bietet die Möglichkeit zu geistigem Wachstum. Ist der Mensch bereit zur Arbeit an sich selbst und kann er zulassen, dass das eine oder andere unausgerichtete Gedankengut vorhanden ist, hat er bereits den ersten Schritt getan. Manchmal handelt es sich um sehr intensive und auch hasserfüllte Bereiche, manchmal geht es um weniger stark belastete Felder, die zudem auch nicht mit sehr viel Emotion geladen sind.

Die Entscheidung und Verantwortung darüber muss der Mensch nicht mit seiner jetzigen Persönlichkeit alleine tragen. Er kann sich vertrauensvoll einem höheren Bewusstsein überlassen und braucht sich nicht zu verspannen oder gar zu ängstigen beim Gedanken: »Es gibt noch viel Arbeit auf meinem geistigen Weg!«

Je stärker eine Seele ist, umso intensivere Erdenleben kann sie durchleben und umso mehr wird sie auch erlebt haben. Eine geistig strebende Seele kann von der Schöpferkraft nachhaltig in ihrem Sehnen nach Vollkommenheit geprüft werden. So durchwandert sie viele leidvolle Erfahrungen, um zu erstarken und den Versuchungen auf diesem Planeten standhalten zu können. Aus diesem Grund sollte nie die Verurteilung einer Person stattfinden, da es eine sehr hoch entwickelte Seele sein kann, die es sich zur Aufgabe gemacht hat, einen sehr großen und dunklen Bereich in diesem Erdendasein zu verwandeln. Denn alles, was eine Seele verarbeitet, dient gleichzeitig auch der Gesamtheit. So kann es gestattet sein, dass bestimmte Seelen aus anderen Bereichen dunkle Felder mitnehmen, die der Gesamtheit oder anderen Seelen dienen und mit der sie auflösenden Wesenheit nur bedingt zu tun haben.

Auch sind die jeweiligen Situationen, die es zu durchlaufen gilt, sehr unterschiedlich. In einer bestimmten Zeitspanne steht nicht sehr viel zur Verarbeitung an, dann ist der Mensch guter Dinge und alles scheint zu funktionieren. Kurze Zeit später steht eine große Auflösungsarbeit an, und sofort kann ihn große Dunkelheit und Schwermut überfallen.

Häufig kommt es vor, dass sich bestimmte Seelen nicht nur zur Arbeit und zur Transformation auf der Erde inkarnieren, sondern ihr Tun in den Dienst des Göttlichen Lichtes stellen und sehr viel für die Gesamtheit und die »Gefallenen«, noch lieblosen entkörperten Wesen in unserer Ebene tun. Dann haben sie ebenfalls mit Bereichen zu tun, die nicht ihrer Gesamtseele angehören, sondern die von anderen übernommen worden sind. Auch von verwandten Seelengruppen werden manchmal solche »Übernahmen« beobachtet.

Nicht zu unterschätzen sind Energien und Wesen auf diesem Planeten, die mit großer Kraft und Tücke stets bemüht sind, Läuterungs- und Reifeprozesse auf diesem Planeten zu verhindern. Sie ernähren sich von bestimmten Gefühlsenergien und möchten ihre Ernährer natürlich nicht verlieren. Sie wenden viele Methoden an, um die Seelen weiter an den Planeten zu binden und den Weg der Erkenntnis zu blockieren. So muss sich weiterhin das »Rad der Wiedergeburt« drehen, bis es für einen bestimmten Bereich durchbrochen wird oder sich irgendwann die Gesamtheit darüber erheben kann.

Auch menschliche Erziehungsmuster oder Prägungen tun ihr Übriges, um es einer strebenden Seele schwierig zu machen, etwa durch die Vorgabe, man müsse immer gut dastehen, keine Fehler eingestehen und immer besser sein als die anderen. Dann ist keine Bereitschaft vorhanden, bei sich selbst unbewältigte Aufgaben anzuerkennen. Die Aufarbeitung wird blockiert und eine Mauer aus Energie errichtet, die niemanden in das Wesensinnere vorlässt und somit auch nichts aus dem Inneren herauslässt. So entstehen enorme Spannungszustände, da durch den aufgebauten Eigenwillen die Schöpferkraft in ihrer Weichheit und Freiheit nicht mehr fließen kann, weil sie sich nicht gegen den Willen der wirkenden Bereiche durchsetzt.

So wird individuelle Willkür eine Weile vom höheren Selbst zugelassen, aber dann wird zum Glück eine Lebenssituation herbeigeführt, die es der Persönlichkeit ermöglicht – oder sie manchmal auch dazu zwingt – umzudenken und zu erkennen, dass es noch mehr gibt als das Rollenverhalten und die Positionskämpfe in unserer Gesellschaft.

Die Gesellschaft und die Anschauungen verändern sich stetig, und jeder spricht über den anderen heute so und morgen so; aber die menschlichen Barrieren, die dadurch entstehen, müssen vom Menschen selber wieder mühsam abgetragen werden.

Auch aus diesem Grund ist eine Bewusstwerdung aufgrund der geschilderten Erlebnisse und Geschehnisse von großer Bedeutung für die Freiheit und das Wachstum der Seele. Durch jede Form der Selbstüberwindung öffnet der Mensch sich mehr der übergeordneten Gotteskraft, damit sie freier und ungehinderter fließen und ihn zu noch mehr Spiritualität und Nächstenliebe aktivieren kann. Die kräftige und warme Ausstrahlung eines Menschen erhöht sich in dem Maße, wie er sich der Schöpferkraft öffnet. Sie kann sich immer mehr in ihm stabilisieren und eine große Wirkkraft auf das Umfeld entwickeln.

So ist die Aura-Klärung eines Menschen und sein Weg zu mehr Reinheit und Licht stets so zu betrachten, dass er in seiner Persönlichkeit selbst nicht in der Lage wäre, die gestaute Energie in den unerlösten Bereichen zu verarbeiten. Es ist das Wirken der hohen Kräfte, die dies ermöglichen.

An erster Stelle steht die Suche der Seele nach mehr Gottesnähe, dann folgt die Erkenntnis der Persönlichkeit, mit der Bereitschaft des jeweiligen Teilbereiches, sich zu läutern, welche das Tor öffnet. Die Transformation selbst aber geschieht durch die Kraft der höchsten Liebe.

Aus diesem Grund ist es nicht notwendig, den Verstand alleine zu aktivieren oder gar mit emotionalem Druck eine Veränderung herbeizuführen. Dies ist nicht möglich. Nur die lichte Kraft selbst, die durch den Menschen fließt, ist in der Lage, die starren Blockaden zu lösen. Die Suche und Bereitschaft der Erkenntnis und das Maß der Liebe öffnet dieser Kraft die Tore. Schon Goethe muss dies erkannt haben, eh er die Verse verfasste:

»Was kann der Mensch im Leben mehr gewinnen,
Als dass sich Gott-Natur ihm offenbare?
Wie sie das Feste lässt zu Geist verrinnen,
Wie sie das Geisterzeugte fest bewahre.«

Diese Zeilen drücken klar die Tiefe seiner Einsicht aus und übermitteln auf der Herzensebene ein Gefühl von Liebe zu allem Existierenden, im Wissen um die selbst aufgebauten Verhärtungen des Menschen, welche die Gotteskraft zu erweichen vermag.

Das Bewusstsein über die Teilbereiche im Menschen ist von ausschlaggebender Bedeutung für die Erkenntnis der verschiedenen Wesenszüge einer Persönlichkeit. Es hilft, die Vorgänge aus einer übergeordneten Sicht zu betrachten, was eigentlich bedeutet, die Dinge aus einer höheren Warte des eigenen Wesens zu sehen. Ansonsten sieht man vor lauter Wald die Bäume nicht und ist in Emotionen und Durcheinander verwickelt, was es bedeutend schwerer macht, den Geschehnissen auf den Grund zu gehen.

Nehmen wir als Beispiel an, ein Mensch hätte in einem früheren Leben als Mann sehr früh seine Kinder und seine Frau verloren. Da er mit diesem Verlust nicht anders fertig geworden ist, als den Schmerz im Alkohol zu ertränken, hat sich ein enormes Suchtfeld gebildet, durchdrungen mit all dem verdrängten Schmerz aus dieser Zeit. Er verlässt nach dem leiblichen Tod, verursacht durch die Auswirkungen des Alkohols, seinen Körper und nimmt mit all seinen anderen Seelenteilen auch diesen Bereich mit in die feinstofflichen Ebenen.

Im gegenwärtigen Leben hat es sich die Seele, und damit auch die neue Persönlichkeit, hier ebenfalls männlich, zur Aufgabe gemacht, diesen Suchtbereich aufzulösen und die enorme Ansammlung von Schmerz zu verarbeiten. Als erste Reaktion darauf wird die Persönlichkeit in diesem Leben natürlich das starke Gefühl nach Alkohol in sich verspüren, da auch das weltliche Feld der Sucht alles daran setzen wird, jenen Menschen wieder in diesen Kreislauf zu bringen.

So wird er z.B. kaum an Geschäften vorbeikommen, die Alkohol verkaufen, ohne dass er in seinem Inneren eine starke Lust und einen Drang verspürt, Alkohol zu konsumieren. Es reagiert somit das Verlangen nach Alkohol in seinem Inneren mit dem Sucht- und Alkoholfeld in seiner jeweiligen Umgebung. Er kann auch kaum eine Kasse in einem Einkaufsgeschäft passieren, ohne dass er nicht von dort hängenden Energiefeldern belagert wird, die keine andere Aufgabe haben, als Menschen zur Sucht zu verführen. Es wird ein fast unwiderstehlicher Drang empfunden, den zu überwinden, sehr schwierig ist.

Etliche Firmen sind sich der Situation voll bewusst und lagern an Kassen, an denen Menschen normalerweise kurze Zeit verweilen, Substanzen, die bereits einen hohen Suchtfaktor innehaben, wie Alkohol, Tabak oder Süßigkeiten. Viele Menschen können nicht widerstehen und lassen sich anregen, um den Gelüsten nachzugeben. Es ist nicht sehr bekannt, dass die Energiefelder und Gedankenformen wie Waben schon weit vor den Kassen hängen und auf ihre »Opfer« warten. Plötzlich durchdringt den Menschen ein eigenartiges Lustgefühl, und ohne das Wissen, dass diese Gefühle fremdbestimmt sind, unterliegt er diesen Verführungen. So nährt man diese Einheiten, und als scheinbaren Dank dafür erhält man ein kurzes Gefühl der Befriedigung, welches dem Zwecke dient, dieses Feld bald wieder zufrieden zu stellen, damit man erneut ein befriedigendes Gefühl verspürt.

So ist es für diesen Mann vermutlich unverständlich, warum er so empfindet, und er glaubt vielleicht, es entspreche seinem

Wesen. Auch spürt er deutlich die dahinter verborgene Angst aus der Vorexistenz und möchte sich davor hüten. Vielleicht verfällt er zuerst einmal in die gleiche Situation wie damals.

Durch die Gegebenheiten dieser Situation erhält er nun die Möglichkeit zur Erkenntnis, was in ihm vorhanden ist und worin seine derzeitige Aufgabe unter anderem besteht. Erkennt er, dass sein eigentliches Wesen sich vom Alkohol fern halten will und ist bereit, auch die Menge von Angstgefühlen anzunehmen, hat er ausgezeichnete Chancen, die Situation bald zu bewältigen, ohne dass er genau weiß, warum dieses Feld entstanden ist. Er öffnet sich somit und verkrampft sich nicht weiter, damit die heilende Schöpferkraft fließen kann.

Er hat einen Teilbereich in sich erkannt, lässt ihn dadurch nicht weiter gewähren und geht aktiv mit ihm um, so eine Klärung und Weiterentwicklung herbeiführend.

Das Bewusstsein um die Existenz und das Wirken von Teilbereichen ist ein fundamentales Basiswissen und der Ausgangspunkt großer Erkenntnismöglichkeiten. Es gibt die Gewissheit, dass der Mensch aus dem Wissen um deren Existenz mit den Teilbereichen aus einer erweiterten Sicht umgehen kann und einer höheren Energie somit die Pforte öffnet, um die Teilbereiche zu durchdringen und ihnen Erkenntnisse und die Ausrichtung auf die Liebe zu bringen.

Um den Aufbau und die Auswirkungen der verschiedenen Situationen, die sich im Umfeld zeigen, genauer erkennen zu können, ist der nächste Abschnitt der Gedankenkraft gewidmet, die den aufgebauten »Schöpfungen« zu Grunde liegt und in Verbindung mit Emotionen eine außerordentliche Stärke entwickeln kann.

Dies erlaubt ein erweitertes Verständnis für die Teilbereiche und deren Inhalte.

10. Gedankenkräfte

Gedanken sind starke Kräfte, die durch ihr geistiges Prinzip zur Verwirklichung drängen. Sie weisen stets eine Ursache auf, rufen Wirkungen hervor und hinterlassen Eindrücke. Man sollte sich bewusst machen, dass die Bedeutung der Gedankenkräfte weitaus intensiver zu bewerten ist, als man es sich nur annähernd vorstellen kann. Im Grunde kann davon ausgegangen werden, dass die Gedankenkräfte, gepaart mit den Emotionen, den größten Teil der irdischen Geschehnisse ausmachen.

Es ist die Grundausrichtung jeder Gedankenstruktur, dass sie sich verwirklichen möchte. Sie beurteilt sich dabei nicht selbst als gut oder böse, sondern sie möchte sich verwirklichen, so wie es ihrer Gesetzmäßigkeit und ihrem jeweiligen Programm entspricht. Diese Gedankenstrukturen sind in der feinstofflichen Welt und in der Aura, in der sie sich befinden, stets sichtbar und beginnen sofort, ihrem Programm und ihrem Inhalt zu folgen.

Gedanken werden in der Feinstofflichkeit produziert und wirken sich unmittelbar auf die materielle Existenzebene aus.

Aus diesem Grund ist es besonders wertvoll, seine Aufmerksamkeit auf die Ordnung und Regelung seiner Gedanken zu richten, vor allem in Verbindung mit den Emotionen.

Durch dieses Vorgehen ist es dem Menschen auch möglich, sich vor fremden und negativen, im freien Raum befindenden Gedankeneinheiten zu schützen und diese bei dem Versuch zu erkennen, sich in das persönliche System »einzuhacken«.

Sobald eine Persönlichkeit zu erkennen beginnt, wie ihre

Gedanken und Emotionen ihr Leben bestimmen, kann sie sich selbst und ihr Umfeld deutlicher wahrnehmen und an ihrer Reinigung und Transformation arbeiten. Sie ist dann nicht länger der Spielball von unbekannten Kräften, sondern kann aktiv an ihrer Lebensgestaltung arbeiten.

Der Einfluss von Gedankenstrukturen auf das tägliche Leben ist von enormer Bedeutung, und nicht selten wird der Mensch an bestimmte »niedere« Energiebereiche des Planeten gebunden, ernährt sie und ist ein Gefangener von Einflüsterungen und deren niederen Impulsen.

Gedanken selbst sind nicht an Orte oder Zeiten gebunden, außer sie befassen sich mit einem bestimmten Gegenstand. Sie sind frei beweglich und können sofort jeden beliebigen Ort erreichen und jeden Menschen in seiner Aura berühren, egal wo er sich derzeit befindet. Gedankenstrukturen können nach ihrer jeweiligen Prägung auch weit über diesen Planeten reichen und sind durch keine räumlichen Gesetzmäßigkeiten begrenzt.

Gedanken selbst können nicht unterscheiden, ob ihre Ausrichtung und ihr Programm der Führung des Göttlichen entsprechen, ob sie im Einklang mit dem Schöpferwillen schwingen und einem sozusagen positiven Zwecke dienen, oder ob sie selbstsüchtig und egoistisch ausgerichtet sind, zum Schaden der Person oder anderer Seelen. Stets streben die Gedankenformen ihrer Verwirklichung zu, ohne auf Sinn und Inhalt zu achten.

Erst wenn eine bestimmte Stärke der Gedankeneinheit erreicht ist, kann die Gedankenform selbstständig werden. Hinzu kommt ein kleiner Teilbereich der Seele, die die Gedankenform geschaffen hat. Zumeist ist sie mit Emotion geladen, welche sie zusätzlich an Stärke zunehmen lässt. Solch eine eigenständige Gedankenform ist nun eigenwillig bestrebt, das vorhandene Programm zu verwirklichen. Dem

Erzeuger selbst ist dies meist nicht bewusst, nur ab und zu werden Gedanken daran ihn berühren. Ohne die bewusste Zuwendung kann er keinen übergeordneten Einfluss auf die Gedankeneinheit mehr ausüben. Da nun ein Bereich von ihm selbst darin verwickelt ist, wird die Bindung an die Gedankenform nicht abbrechen, sondern ihn in irgendeiner Weise immer berühren und ihm manchmal sogar dauerhaft Energie abziehen. So kann der Mensch von seinen »Geschöpfen« beherrscht werden, die zwar in früheren Zeiten geschaffen wurden, aber heute noch wirken, obwohl sie mit dem jetzigen Leben grundsätzlich nichts mehr zu tun haben.

So kann es sein, dass eine Frau, in einem ihrer früheren Leben, in einem arabischen Land gelebt hat, in welchem es zur guten Sitte gehörte, wenn die Frau wohlgerundet war und somit den Wohlstand und die Unterhaltsfähigkeit ihres Mannes demonstrierte. In diesem damaligen Leben lag die Ausrichtung darin, sich möglichst rund zu gestalten, also möglichst viel zu essen und dick zu werden, um diesen Vorstellungen Tribut zu zollen. Da dies mit großer Intensität geschah, hat sich im Feinstofflichen eine starke Gedankenform gebildet, mit einer intensiven Durchsetzungskraft, welche auch nach dem leiblichen Tod nicht aufgelöst wurde. Inkarniert nun diese Frau erneut, strömt dieses Feld zu ihr, da die alte Persönlichkeit zur gleichen Seele gehört und mit großer Wahrscheinlichkeit eine Lebensaufgabe auch darin besteht, diese selbstständige alte Gedankenstruktur nun aufzulösen.

Diese Frau wird in ihrem jetzigen Leben große Probleme mit ihrem Gewicht zu bewältigen haben. Sie kann sich anstrengen, wie sie möchte, stets wird sie eine Art Heißhunger und zwanghafte Fressanfälle empfinden, denen sie sich kaum entziehen kann. Es wirkt stetig die alte Information auf den Körper ein, die sie animiert, kräftig zu essen, da sie sonst in der Gesellschaft nicht angesehen ist. Und wer will das schon sein?

Nicht immer wirken diese Gedankenstrukturen bereits bei der Geburt oder im Kindesalter. Manchmal sind sie in einem äußeren Rand der Astral- oder Mental-Aura abgelagert, je nachdem ob die Gedanken- oder die Emotionalkräfte innerhalb der Struktur stärker überwiegen. Vielleicht erst nach einer Heirat, wenn diese Frau einen Mann an ihrer Seite hat, wird vermutlich die soeben dargestellte Form nahe an ihren Körper strömen und das Programm dadurch auslösen, dass es sich mit intensiven Emotionen und starken Gedankenkräfte bemerkbar macht. Schwerlich wird diese Frau dann an den Lebensmitteln vorbeikommen, ohne von einem starken Drang erfüllt zu sein, die dem alten Gedankenfeld die Verwirklichung ermöglichen.

Erst wenn die Identifikation der Frau mit dieser Gedankenstruktur abgelegt wird und sie erkennt, dass es sich zwar um einen bestimmten Bereich in ihr selbst handelt, dieser aber nichts mit ihren derzeitigen Wünschen zu tun hat, kann sie mit ihrem jetzigen Wesen, in Verbindung mit ihrer Seelenkraft, diese Struktur erreichen, sie auflösen und die abgespaltene Energie somit wieder ihrer Gesamtseele zuführen. Auch die Vorstellung von einem scheinbar guten Ansehen in der sie umgebenden Gesellschaft kann gleichzeitig innerhalb der Persönlichkeitsstruktur gelöst werden.

Oft aber werden solche Beeinflussungen mit großer Willensstärke abgedrängt und dadurch wieder in die äußere Aura abgeschoben. Damit diese nicht immer wieder in das nähere Aura-Feld zurückdrängen, wird aus Gedanken- und Emotionsenergie eine Blockade errichtet, die man als energetische Mauer bezeichnen kann. Es wird sehr viel Energie dafür verwendet, da sie unter anderem ja gegen die Pläne zur Verarbeitung alter Lasten seitens der eigenen Seele wirkt. Etwas sollte angenommen werden, wird aber stattdessen immer wieder abgedrängt.

So schwächt sich der Mensch selbst, indem er gegen Dinge vorgeht, die ihm unangenehm sind, ihn aber letztendlich in seiner seelischen Reife vorwärts bringen könnten. Seine Aura würde sich durch die Auflösung alter Strukturen klären.

Wird die Gedankenform aber abgedrängt und eine Energiebarriere errichtet, wird die Aura noch voller und dunkler, und die schöpferische Kraft kann durch die Belegung der Aura mit fremder Energie in diesen Bereichen nicht mehr fließen.

Bevor weitere Beispiele diese Sachverhalte näher erläutern sollen, ist es vorteilhaft, die Aufbauten einer Gedankenstruktur mit ihrer Form und ihrem Aussehen sowie ihrer Wirkkraft genauer zu erklären. Auch ist der Hinweis notwendig, dass Gedankenstrukturen ausschließlich an bestimmte Teilbereiche gebunden sein können.

Eine Erkenntnis erfolgt nicht durch einen Gedanken wie: »So etwas Unangenehmes hat mit mir nichts zu tun« oder »Von so etwas möchte ich nichts wissen«, sondern durch die bereitschaftliche Annahme dieser Kräfte, ihre Erkenntnis und den liebevollen Umgang zur Auflösung dieser Energien. Nur so ist eine konsequente und erfolgreiche Verarbeitung dauerhaft gewährleistet.

Es ist nicht möglich, produzierte Gedanken, die starke Emotionen tragen, dadurch zu bewältigen oder gar aufzulösen, indem man sie bekämpft mit der Idee: »Ich bin Licht, ich bin hell, alle Dunkelheit weicht von mir!« Dies ist keine Verarbeitung, sondern ein Aufbau neuer ungeordneter Energie, die lediglich über die alte gestülpt wird und manchmal mit Entsetzen nach dem Erdenleben als solches wieder registriert wird. Leider ist dann eine Verarbeitung weitaus schwieriger, und die Aufgaben, die sich die Seele für das Erdenleben gestellt hatte, wurden nicht erfüllt. Wenn ich weiße Handschuhe über meine Finger ziehe, sind sie deshalb noch lange nicht gewaschen und rein.

Es gehört die innere Bereitschaft dazu, nicht zu glauben, man sei schon das hellste Licht, das auf Erden wandelt, sondern entscheidend ist das Wissen, dass es immer gilt, an sich zu arbeiten und die bestehenden Situationen zu bewältigen. Dies erfordert ein größeres Bewusstsein und viel Liebe. Was man erhält, ist eine tiefe, erfüllende Zuwendung aus der geistigen Welt, die reinigt und den Menschen ganz bewusst der Schöpferkraft näher bringt. So tendiert der Mensch nicht zum beeinflussbaren Schlafwandler, sondern wird zu einer bewussteren, immer klareren Persönlichkeit, welcher der Zugang zur geistigen Wahrnehmung stetig mehr geöffnet wird.

11. Gedankenformen

Der Mensch ist in seiner ursprünglichen Seeleneinheit ein von der Urkraft, dem Göttlichen, geschaffener individueller Teil. Er ist zwar auf eine Art eigenständig, jedoch auch Teil eines Ganzen und somit Teil des Ur-Göttlichen. Ähnlich enthalten auch die Gedanken, die vom Menschen geschaffen werden, einen Teil von ihm, sind somit ebenfalls auf eine Art eigenständig und doch Teil der Gesamtseele.

Gedanken sind zum einen geschaffen durch die Schöpferkraft im Menschen, zu der die Energie ihm fortwährend zur Verfügung steht; zum anderen wird eine bestimmte Energie zur Formgebung benutzt, die sich stets im Mentalbereich befindet. So wie der Körper bei der Inkarnation die Seelenhüllen mit der Materie des Planeten umkleidet, so umhüllen diese energetischen Substanzen die Gedanken in ihrer Ebene und geben ihnen ein feinstoffliches »Kleid«. Ebenso konzentriert sich die Gedankenenergie bei der Schaffung eines Gedankens zu einem Gebilde und erhält den ihr bestimmten Auftrag und Inhalt.

Bei einer starken und entwickelten Seele sind die Gedanken entsprechend kraftvoller und können intensiver, präziser und schneller ihren Inhalten folgen. Sie durchdringen bedeutend kräftiger die sie umgebenden Ebenen und können eine große Wirkung herbeiführen. Selbst der Körper der betreffenden Person kann im Moment der Schaffung eines starken Gedankens von einer vibrierenden Energie durchdrungen werden und kann durch den Astralbereich intensiv mit Emotionen oder hohen und wertvollen Gefühlen aufgeladen werden. Solche

Gedanken haben auch auf das Umfeld eine große Wirkung. Die sich in der Nähe befindenden Menschen spüren diese Kraft und fühlen sich zu ihr hingezogen.

Bei schwächeren und sich noch sehr in der Entwicklung befindenden Seelen sind die Gedanken weitaus weniger gehaltvoll und unausgeprägter in ihrer Gesamtart. Erst die Hinzuführung von Begierden können sie äußerst gefährlich und stark werden lassen.

Aus diesem Grunde hat wohl die Erforschung der Gedankenkräfte zuerst im Geheimen stattgefunden, um die Möglichkeiten zum Missbrauch dieser Wahrheiten nicht in falsche Hände oder Köpfe gelangen zu lassen.

In der heutigen Zeit sind diese geheimen Wissenschaften der Öffentlichkeit zwar weitgehend zugänglich gemacht worden, doch aus den inneren Welten heraus halten die höheren Kräfte noch immer die Hand darüber. Die dunkle Magie verliert durch diese Öffnung immer mehr ihr geheimes Wirkungsfeld und die Schwingungserhöhung auf diesem Planeten tut ihr Übriges, um die Dunkelheit aufzudecken und das Licht einstrahlen zu lassen. Noch ist der Spielraum der Dunkelkräfte groß, jedoch strebt die kollektive Kraft der entwickelten Seelen einem höheren Ziele zu.

Ein Gedanke selbst kann einer liebevollen Aufgabe dienen, kann jedoch auch aus einem dem Menschen unbewussten, noch unausgerichteten Teilbereich seiner Persönlichkeit entspringen. Gedanken beginnen zu wirken und ihrer Aufgabe nachzugehen, oft ohne dass der jeweilige Mensch dies zu Anfang bewusst miterlebt. Es ist also jedem Teilbereich im Menschen möglich, eine Gedankenstruktur zu schaffen. Wird sie mit Emotion geladen, wird sie an Stärke und Durchsetzungswillen zunehmen. Dies birgt eine große Gefahr in sich, da das unbewusste Wirkungsfeld großen Einfluss auf das gesamte Leben ausüben kann. Je mehr Menschen dies aber erkennen und bereit sind, die Situationen, die ihnen das Leben in ihren Auswirkungen auf sie selbst und andere aufzeigt, bewusst anzunehmen und sich danach zu richten, umso weniger haben unbewusste Vorgänge die Möglichkeit, gegen den Gesamtstrom zu wirken und den Fortschritt zu behindern.

Gedanken sind durch ihre bewusste und unbewusste Schöpfung somit die äußere Form der inneren Inhalte und Ausrichtungen des menschlichen Wesens. Ist die Seele bereits in ihrer Entwicklung weit fortgeschritten, werden weiche und in heller Schwingung vibrierende Gedankengebilde die Aura erfüllen. Die farblichen Tendenzen werden in zarten Pastelltönen erscheinen.

Sind die Bereiche noch stark im Eigenwillen, werden grobe, harte und dunkle Gedankenformen die Auren durchdringen und die Körper verdunkeln.

So ist in jeder Gedankenstruktur ein kleiner Teil der jeweiligen Seelensubstanz enthalten. Sendet ein Mensch einen liebevollen Gedanken an eine Person, die vielleicht zurzeit eine Phase körperlicher Transformation durchmacht, um sie zu unterstützen, so kann die betreffende Person diesen Gedanken aufnehmen und zugleich den Wesenszug der sendenden Person fühlen. Die Liebe, die bei solch einem Gedanken mitschwingt, wird bei entsprechender Aufnahmefähigkeit ebenfalls wahrgenommen.

Gedanken können mit den verschiedensten Emotionen geprägt sein und die mannigfaltigsten Aufgaben und Inhalte vorweisen. Manche Gedanken, die von einer Person aufgenommen werden, werden von ihr als die eigenen betrachtet. Dies ist aber nicht immer zutreffend. Zum einen kann ein fremder Mensch eine Beeinflussung auf die Person ausüben wollen und intensive Gedanken auf sie richten; zum anderen kann die Gedankenform auch von einer lichtvollen Ebene gesandt sein, die unterstützend und lösungsorientiert der jeweiligen Person dienen kann. So mancher Forscher und Erfinder hat seine Inspirationen einer höheren Ebene zu verdanken, zu der er Zugang erhielt, oder einer lichtvollen, entwickelten Seele, die diesem Menschen die Lösung oder die Antwort eingab. Daher kommt der Ausspruch: »Dieser Gedanke fiel mir ein, als...« Dieser Gedanke ist tatsächlich »eingefallen«, nämlich in die Aura bzw. das Energiesystem dieses Menschen, und jener konnte sie als Gedanke oder Idee wahrnehmen und verwenden, wobei sie durch bestimmte Strukturen im Gehirn in die jeweilig benutzte irdische Sprache übersetzt wird.

So ist dieser »Einfall« von einer anderen Person geprägt und kehrt nach der Auflösung der äußeren Substanz zu der Seelenenergie zurück, da solche Gedanken meist den Impuls tragen, sich nach der Erledigung ihres Auftrages aufzulösen; ganz im Gegensatz zu Gedankenstrukturen, die sich selbstständig gemacht haben und mit eigenwilliger Kraft ihr Programm durchzuführen versuchen. Sie bedrängen die Menschen, um von ihnen »gedacht« zu werden, und sind meist mit Emotion als Energie gespeist, damit sie sich nicht auf Grund der Abnahme ihrer eigenen, immer härter werdenden Energie völlig verdichten oder auch auflösen müssen.

Grundsätzlich lässt sich die Schöpfung eines Gedankens in vier Bereiche gliedern. Der erste Bereich ist der gedankliche Inhalt, welcher die gesamte Form hervorbringt; der zweite Bereich die emotionale Ladung, die für die Empfindung auf der Gefühlsebene verantwortlich ist. Der dritte Bereich lässt sich in der Farbe der Gedankenform erkennen, welcher die Struktur auch wie eine Aura umgeben kann; und die vierte Einteilung besteht im äußeren Umriss, dem Rand einer Gedankenstruktur, an der die Intensität und Willenskraft, die dahinter steckt, verdeutlicht wird.

Der gedankliche Inhalt

An der Form einer Gedankenstruktur kann man manchmal bereits auf den ersten Blick den ungefähren Inhalt erkennen. So schafft z.B. eine Frau, die absolute Besitzansprüche auf ihren Ehemann hegt und ihn radikal in ihren »Fängen« bewahren möchte, eine Gedankenform, die aussieht, als würden von ihrem Zentrum heraus sich Widerhaken und greifende Strukturen erstrecken. Je intensiver dieser Zugriff ausgerichtet ist, umso mehr Greifhaken lassen sich erkennen.

Der Volksmund, d.h. das Wissen, das von weisen Menschen in den Volksmund gelegt wurde, um es zu bewahren, hat hierüber einen großen Schatz an Redewendungen parat. So spricht man auch vom »Hexenschuss«, womit eine bösartige Energieeinheit gemeint ist, die meist als kugeliges, manchmal stacheliges Gebilde sichtbar wird, und dem »Beschossenen« Schaden und Schmerz zufügen soll und zumeist bewusst mit einer lieblosen Energie auf den Empfänger ausgerichtet ist.

«Mir hängt eine geballte Ladung im Genick!« Hier wird eindeutig ausgedrückt, dass sich eine Energiekonzentration im Genick befindet, die Unbehagen bereitet, da sie entweder noch nicht verarbeitet wurde oder aber einem lieblosen Bereich des Wesens selbst entspringt. Fremdenergien können ebenfalls der Verursacher solcher Energiewolken im Genick sein, da über das Genick eigene Energien zurückgenommen werden und dieser Eingang gerne von fremden Einheiten genutzt werden möchte.

»Es hat mich getroffen wie ein Hammerschlag!« Die Erkenntnis oder die Information eines bestimmten Bereiches war in so hohem Maße konzentriert und dicht, dass die Ankunft dieser Gedankenstruktur fast körperlich wahrgenommen wurde.

Verspürt ein Mensch starke Eifersucht und will seinen Partner am besten dauerhaft im Auge behalten, so kann man teilweise überwachende Gedankenstrukturen in der Aura beobachten, die sich im Zentrum wie ein überdimensionales Auge zeigen.

So erkennt man, dass sich zornerfüllte Gedanken wie Blitze durch die Aura ziehen und dort großen energetischen Schaden anrichten können. Energien wie Geiz und Neid zeigen sich wie schwabbelige Waben, die die Aura durchziehen und manchmal an bestimmten Stellen hängen bleiben. Sie können auch die betreffende Person so einhüllen, dass sie mit der Zeit glaubt, keine Luft mehr zu bekommen.

Ist ein Mensch durch seinen Beruf mit sehr vielen Problemen konfrontiert, die es zu lösen gilt, sieht man in seinem Kopfbereich eine Unmenge von kleinen Formen, die stetig um diesen kreisen und bis zu deren Lösung wie ein Schwarm stetig die Plätze innerhalb der Kopf-Aura wechseln. Der Mensch hat dann das Gefühl, ihm brumme der Kopf und alles schwirre, was die energetische Situation sehr gut darstellt.

Plötzlich aufkeimende Furcht zeigt sich innerhalb einer Aura wie eine starke Zusammenziehung des gesamten Energiesystems. Es entstehen große Verspannungen, die sich wie dunkelgrau-dunkelbraune Klammern aus Eisen darstellen, die an verschiedenen Stellen zudrücken. Hier dauert es einige Zeit, bis der Energiefluss wieder vollkommen harmonisiert ist.

Verspürt ein Mensch auf einen anderen Menschen im selben Moment einen großen Hass, so sieht man eckige, stachelige, wurfgeschossähnliche und auch unförmige Einheiten, die sich wie bei einer Explosion entladen und auf die Person, auf die sich der Hass erstreckt, abgeworfen werden. Auf diesen Menschen prasselt es hernieder und bohrt sich in sein Energiefeld.

So abstoßend wie manche Gedankenformen, etwa von Perversion oder intensivem Hass, sein können, so schön können sich liebevolle Gedanken innerhalb der Aura zeigen.

Gedankeninhalte, wie wahrhaftige Liebe, strömen aus sich selbst heraus und sehen aus wie kleine Sonnen. Wenn eine Mutter sich für ihr Kind Schutz und Sicherheit in diesem Erdenleben wünscht, kann sich die Form wie die Schwingen eines Schutzengels aus kirchlichen Gemälden entfalten.

Befasst sich ein Mensch mit Erklärungen in Mathematik oder Physik, so kann sich durchaus eine komplexe geometrische Form entwickeln, die auf Lösungssuche ausgerichtet ist.

Die Formen, die idealistische oder liebevolle Gedanken erzeugen, sind dem Auge stets wohlgesonnen und erscheinen schön und harmonisch.

Manchmal zeigt sich dem Betrachter einer Aura die Form auch in symbolischer Art und Weise. Sie demonstriert ihren Inhalt, indem die Form dargestellt wird, aus welcher der Sehende den wahren Inhalt begreifen kann.

So sollten die genaue Einteilung und die beharrende Aussage, nur so oder so sehe etwas aus, unterlassen werden. Es kann sich alles vielfältig zeigen, unterschiedliche Hintergründe vorweisen und sich schnell verändern.

Jegliche Festlegung, die unternommen wird, in welchem Bereich auch immer, erzeugt starre Gebilde, die nicht mehr ausreichend im weichen Fluss schwingen können. Wahrheit aus sich heraus muss nicht fixiert werden, muss nicht mit Willenskraft eingekreist oder festgehalten oder gar vor anderen lautstark vertreten werden. Eine Erkenntnis fließt im Fluss der weichen Energien, wobei die Festlegungen, wie uns der Name schon sagt, fest gelegt werden. Verändert sich eine Information, muss jede Festlegung wieder gelöst werden, was mit Energieverlust einhergeht und unnötig ist. Lässt man der Wahrheit ihren Fluss und versucht, frei und ohne Festlegungen zu größeren Erkenntnissen zu gelangen, schreitet man mit beträchtlich weniger Energieverlust voran.

Keine persönliche Erkenntnis kann auf einen anderen

Menschen übertragen werden. Stets ist es wichtig, dass der Mensch die Erkenntnis selbst findet, als eigene Wahrheit und mit dem tiefen Wissen, das eine innere Stimme ihm mitteilt: »Das ist die Wahrheit«. Er schwingt im Einklang mit dem inneren Wissen, zu dem jede Seele Zugang hat und die jeder Mensch fühlen kann. Durchaus kann man mit Informationen von außen zu einer inneren Erkenntnis kommen, jedoch findet dieser Vorgang immer in der Person selber statt und kann nicht übertragen werden.

So ist der Mensch mit einer Erkenntnis frei und schwingt im Fluss der Schöpferkraft, wogegen das starre Fixieren eine Blockade hervorrufen würde. Wunderschön ist die Aura anzusehen, wenn sich die Schwingungen der Gedankenstrukturen frei bewegen und mit wahrer Erkenntnis gewonnen wurden. So muss nicht hektisch die eigene Meinung oder gar der persönliche Erkenntnisstand vertreten und mit eigenwilliger Härte vorgegangen werden, sondern das Wissen setzt sich durch, dass man keine Erkenntnis erzwingen und keine Entwicklung eigenwillig vorantreiben kann.

Emotionen innerhalb einer Gedankenstruktur

Bei der Bildung einer Gedankenform in der Mentalebene sind keine Emotionen vorhanden. Da allerdings kaum eine Situation im Leben eines Menschen stattfindet, die ohne Emotionen abläuft, findet man kaum Gedankenstrukturen, die ohne die bestimmte Menge von Gefühlen anzutreffen sind. Oft werden auch Gedanken zu bestimmten Gefühlen gebildet, welche die Lösung einer Problemsituation beinhalten.

Solche Verbindungen sind nicht immer nur innerhalb der Aura anzutreffen, sie können auch an Gegenständen oder

Menschen anhaften, die dann aktiviert werden, wenn man damit in Berührung kommt bzw. diesen Menschen antrifft. Die energetischen Verbindungslinien bestehen jedoch fortwährend zu der Aura des Menschen, der diese Gedankenform geschaffen hat. Sie sind somit immer, je nach Intensität, mit diesem Gegenstand oder dieser Person verbunden.

Angenommen, ein Wohnungsbesitzer bemerkt, dass die Tür zum Esszimmer quietscht. Beim ersten Mal registriert er dies und denkt: »Die Tür quietscht, ich muss sie unbedingt schmieren.« Beim nächsten Mal empfindet er dazu bereits eine leichte Störung, die sich mit unwilliger Emotion zeigt. Die bereits existierende Gedankenform wird nun mit Emotion beladen und durch das erneute Denken verstärkt. In der Folgezeit, der Wohnungseigentümer hat beruflich viel zu tun, kommt er nicht dazu, die Tür zu ölen, und jedes Mal, wenn er sie schließt oder öffnet, hört er das Geräusch und ärgert sich. Immer mehr ärgerliche Energie setzt sich auf die Gedankenform. Mit der Zeit entsteht ein großes, im Feinstofflichen sichtbares Feld von Ärger, mit dem Druck dahinter, die Tür unbedingt ölen zu müssen. Dieses Feld haftet an der Tür und wirkt jedes Mal stärker auf den Mann ein. Der Ärger potenziert sich, und selbst wenn die Tür einmal nicht quietscht, empfindet er beim Vorbeilaufen dieses Feld, welches ab einer gewissen Größe aus sich heraus versucht sich aufrechtzuerhalten, um mit Ärger gespeist zu werden.

Bald wird dieses Feld von artgleichen irdischen Energiefeldern benutzt, die sich in Massen auf diesem Planeten befinden. Über die Zugänge zum eigentlichen »Produzenten« dieser Gedankenstruktur werden gerne Versuche unternommen, die diesen Wohnungseigentümer nun immer wieder ablenken wollen, damit er nicht die Tür ölt, wodurch diese Felder sogleich keine Energie mehr bekommen würden. Deshalb fällt es oftmals schwer, solche lange bestehenden Ärgernisse zu beheben.

Wenn man sich von solchen Feldern freihalten will, ist es natürlich vorteilhaft, solche Ursachen schnellstmöglich zu beheben, damit kein Energieverlust entsteht und keine Zugänge von fremden Feldern geschaffen werden.

Die beste Methode ist die, sich erst gar nicht darüber aufzuregen, sondern die quietschende Tür möglichst nur als Situation anzusehen, die gelöst werden sollte, jedoch emotional keinen Einfluss auf einen ausübt.

Ebenso verhält es sich mit Gedankenformen, die z.B. in der Kindheit entstanden sind. Vater und Mutter haben dem Kind immer erklärt: »Wenn du den Hefekuchen isst, solange er warm ist, bekommst du fürchterliche Magenschmerzen!« oder »Wenn du nach dem Eisessen trinkst, gibt es ganz arg Bauchweh!« und sogar: »Wenn du einen Kirschkern verschluckst, wächst dir ein Baum im Bauch.« Das Kind nimmt diese Informationen auf und speichert sie in der Aura. Sie wurden aber nicht ohne Emotionen übermittelt, sondern immer durch eine Angst geschürt, die sich jedes Mal verstärkend an diese Gedankenform geheftet hatte. Das Kind hat alles natürlich geglaubt und als inneres Wissen gespeichert und somit in der Aura abgelagert. Oft wird diese Information dann als Abspeicherung im Unterbewusstsein bezeichnet. Als Erwachsener nun ist es einem solcherart geprägten Menschen vielleicht ein besonderer Genuss, warmen Hefekuchen zu essen, was er allerdings nicht kann, ohne tatsächlich Leibschmerzen zu bekommen und sogleich eine innere Angst und einen Druck zu spüren, die sehr unangenehm sind. Ebenso verhält es sich, wenn Kirschen gegessen werden. Es wird ihm übel und er verspürt Angst, ohne zu wissen warum.

Wäre die ehemalige Information frei von Emotionen und Druck gewesen, könnte der Erwachsene nun auf Grund seiner eigenen Erfahrung feststellen, dass er beim Essen von warmem Hefekuchen keinerlei Leibschmerzen bekommt, sondern es im Gegenteil ein großer Genuss für ihn ist. Er könnte durch die neue Erkenntnis diese Gedankenform sogleich verändern, was sich ohne großen Aufwand vollziehen würde. Da sie aber emotional auf seinen Gemütszustand wirkt, wird es bedeutend komplizierter, weil solche Muster gerne in die hinteren Schichten der Aura gedrängt wurden und somit unbewusst agieren. Solche Prägungen in der Kindheit beeinträchtigen die freie Erkenntnis der Geschehnisse und sind manchmal sehr schwierig zu erkennen.

So können Gedankenformen von den verschiedensten Gefühlen überlagert, behaftet oder gestaltet sein. Im täglichen Erleben ist der Mensch allerdings in der Lage, durch die Beobachtung seiner inneren Emotionen, die sich durch eine Auswirkung in seinem Leben bzw. dem Umfeld ereignen, den Inhalt und die Art der Gefühle zu ergründen. Es erfordert eine gute Eigenbeobachtung, jedoch wird diese Mühe stets belohnt, denn man kann sich durch die Erkenntnis dieser Prägungen immer mehr von bindenden Formen und den immer wieder beeinflussenden Ereignissen befreien. Das Gefühlsleben wird nicht mehr getrübt durch das Einfließen in den momentan erlebten Zustand.

Von der persönlichen geistigen Führung wird dem Menschen aus der Seelenebene, je nach seiner Bereitschaft, die jeweilige Situation zugeführt, an der er solche Muster erkennen kann. Die emotionale Ballung solcher Gedankenstrukturen verhindert das Gefühl der Ruhe und des inneren Friedens. Werden solche Unruhe und ungute Gefühle registriert, ist davon auszugehen, dass eine Energiekonzentration besteht, die die Persönlichkeit innerhalb einer Situation angehen, erkennen und verarbeiten soll und kann.

Wenn man einem Menschen begegnet, der bereits viele Bereiche seiner selbst auf die Schöpferliebe ausgerichtet hat, kann man bei ihm wunderschön geformte Gedankenstrukturen erkennen, die mit einem sehr warmen und anrührenden Gefühl geprägt sind. Hier spricht man nicht von verarbeitungsfähigen Emotionen, sondern von tiefen Gefühlen, die stets in der Ausrichtung zur Schöpferkraft schwingen und aus sich heraus Kraft aufweisen und Energie abstrahlen, da sie mit der Schöpferkraft verbunden sind. Diese Gedankenstrukturen sind nicht nur auf den Mental- und Astralplan beschränkt, sondern wirken weit in die höheren Ebenen hinein und aus ihnen heraus.

Wenn ein anderer Mensch sich in einer Aura mit diesen Gedankenformen, bestehend aus wahrhaften Idealen und reiner Liebe, befindet, werden auch in ihm diese Qualitäten angerührt, entsprechend seiner geistigen Reife. Oft glaubt man dann, es sei der andere Mensch, der einem diese Liebe fühlen lasse, doch es ist stets die Liebe im Menschen selbst, die aktiviert wurde, da jedes Gefühl im Menschen selber stattfindet. In solchen Momenten verweilen alle negativen Gefühlsstrukturen im Hintergrund, was aber meist nur von kurzer Dauer ist, da die Notwendigkeit besteht, Situationen zu verarbeiten, damit der Mensch immer freier werden und somit dauerhafter einen zufriedenen und ausgeglichenen Gefühlszustand erreichen kann.

Eigenständige Gedankenstrukturen

In den eigenständigen Strukturen kann man sehr starke Gedanken- und Emotionsfelder erleben, die intensiv zu einer Verwirklichung drängen. Sie sind in ihrer Stärke so intensiv angewachsen, dass sie eigenständig geworden sind und fortan ihr Programm aus ihren eigenen Bestrebungen heraus durchführen. Bevor sie unabhängig geworden sind, haben sie ihre Energiezufuhr stets aus den Emotionen und

Gedankenkräften ihrer Erschaffer erhalten, danach sind sie in der Lage, aus ihrem Willen, ihrem eigenen Programm heraus auf andere Menschen einzuwirken und zu versuchen, von dort Energie abzuziehen. Da solche Schöpfungen immer ab einem bestimmten Stärkegrad eigenständig werden, erkennt man sie zwar in diesem Moment als selbstständig an, jedoch enthalten sie stets die Verbindungen zu ihren Schöpfern durch deren in ihnen wirksame Seelenbereiche.

Viele dieser aufgebauten Gedankenstrukturen nutzen somit den Menschen, der ja in seinem Inneren stets mit der Liebes-Schöpfer-Kraft verbunden ist, und aktivieren ihn zu »Fehlschöpfungen« dieser Energieform, also zu Zorn, Macht oder ähnlichen Regungen, um somit durch ihren dann einsetzenden Energieabzug genährt zu werden. Man kann sich bewusst machen, dass mit jedem unguten Gefühl, welches nicht in der Liebe der Urkraft schwingt, Energien produziert werden, von denen andere Wesen leben und die das Umfeld und die Aura durch ihre Verdichtung und ihren »Nicht-Fluss« verdunkeln. Man sieht bei länger andauernder Verbindung zu solchen »Schöpfungen« starke, dunkle Energieseile, die sich durch die Aura bewegen und in Kontakt zu äußerst dichten Ebenen auf diesem Planeten stehen.

Ganze Kulturen werden zum Teil von solchen aufgebauten Gedankenstrukturen beherrscht, und Unterdrückung und Machtausübung sind an der Tagesordnung. Man darf allerdings nicht vergessen, dass genau jene Menschen in diesen bestimmten Kulturkreis inkarnieren werden, die diese Ausrichtung erleben sollen, um sich selbst dadurch erkennen zu können. Stets tragen sie in ihrer Aura sichtbar diese Ausrichtungen, und der Körper formt sich entsprechend dieser Prägung. Durch ein Erleben dieser Schwingung helfen sie sich selbst und den Mitseelen, die auf geistiger Ebene diesen Vorgang verfolgen werden. Manche Seelen inkarnieren auch freiwillig in diese Bereiche, um den Seelengeschwistern eine andere Ausrichtung vorzuleben und sie somit auf den göttlichen Strom einzuschwingen.

Neben den Einwirkungen von Wesenheiten, die vermutlich seit Urzeiten, also seit der materiellen Schöpfung selbst, den Planeten in ihrer Ausrichtung zu halten versuchen und von denen die meisten noch nicht bereit sind, sich zu ändern, zeigen sich in einem weiteren Bereich wesenhafte Gedankenstrukturen, die von Menschen in längst vergangenen Zeiten geschaffen wurden. Meist wurden sie durch rituelle Kulthandlungen oder starke Prägungen von vielen Menschen gemeinsam geschaffen und in ihrer jeweiligen Ausrichtung geprägt. Immer sind diesen wesenhaften Energieeinheiten Seelenpartikel der Menschen eingearbeitet, die die Struktur geschaffen und ihr das Programm vermittelt haben. Bevor solch ein Wesen entsteht, wurde durch Gedankenkraft und mehr oder weniger intensive Emotionen ein Energiegebilde geschaffen, welches eine bestimmte Ausrichtung aufwies. Nach den geistigen Gesetzmäßigkeiten wurden die Einheiten ab einer bestimmten Größe selbstständig und verfolgten danach eigenständig ihre Ziele. Es baute sich ein eigenes Ego auf. Ab solch einem Zeitpunkt wendet sich sehr oft das Energiefeld von seinen Schöpfern ab, und die Menschen werden weiterhin von diesem Wesen beherrscht. Sie haben kaum mehr die Möglichkeit, mit dieser Einheit umzugehen, wenn sie sich nicht intensiv auf die Schöpferkraft ausrichten. Da das geschaffene Wesen Seelenteile dieser Menschen beinhaltet, wird deren Energiefeld dauerhaft mit der Ausrichtung der Gedankenstruktur konfrontiert und sie sind bis zu einem gewissen Grad immer verantwortlich für die Taten ihrer »Geschöpfe«. Dies kann sich zu einer extremen Belastung entwickeln, da die Verbindungen zu den Menschen untereinander, die an der Schaffung des Wesens mitgewirkt haben, weiterhin bestehen bleiben und immer ein Energieaustausch stattfindet. Dadurch entsteht ein fortwährender Kontakt, und bei allen intensiven Verarbeitungen dieser Mit-Schöpfer ist man energetisch beteiligt und verbraucht Energie, ohne zu wissen, was eigentlich geschieht oder welche Abläufe sich vollziehen, die den Energieverlust verursachen. Zum Glück inkarniert der Mensch gerne mit solchen Seelen zusammen, um diese alten Ankoppelungen zu lösen.

Manchmal erlebt man auch Lichtwesen, die durch magische Kulte und rituelle Handlungen in bösartige Strukturen gezwängt wurden und nun diesem Programm dienen müssen. Sie sind überlagert und haben kaum die Möglichkeit, sich zu befreien. Solch ein Wesen wird manchmal als bösartig definiert, es folgt aber ausschließlich dem zwanghaft aufgepressten Muster und leidet in seinem Inneren sehr. Kann solch ein Wesen gelöst werden, wird es von solcher Dankbarkeit erfüllt, dass dessen befreiende Gefühle kaum in Worte zu kleiden sind. Deshalb sollte kein Wesen, welches man erlebt, vorschnell in eine bestimmte Kategorie eingeteilt werden. Auch manche bislang dunkel ausgerichtete Wesenheit kann in ihrem Inneren bereits einen Prozess der Suche nach Liebe und Vollkommenheit durchgemacht haben und wünscht, sich zu verändern.

Weitere zwanghafte Energiefelder stellen jene Gedankenstrukturen dar, die von den Menschen meist innerhalb ihrer jetzigen Inkarnation geschaffen worden sind oder von Vorexistenzen mitgebracht und jetzt verstärkt wurden. Sehr oft wirken sie aus unerkannten Teilbereichen des Menschen heraus und werden, bis sie bewusst und durchlichtet worden sind, auch weiterhin von diesen gespeist und aktiviert. Diese

Einheiten stehen über die Aura nur mit ihrem Erzeuger in energetischer Verbindung, werden aber auch gerne von bestimmten Wesenheiten benutzt, um deren Ziele zu erreichen. Dies trifft vor allem dann zu, wenn es um Impulse wie Macht, Kontrolle, Besitzgier oder Unterdrückung von Menschen geht. Diese Kräfte sind, wie schon die alten Wesenheiten, stets bestrebt, über Teilbereiche des Menschen in seinen Gefühlshaushalt einzudringen und ihn von der Erkenntnis ihrer Methoden abzuhalten. Dadurch kann der unwissende Mensch im Rad der Wiedergeburt gehalten werden und weiter als Energielieferant dienen. So sollte sich die Persönlichkeit immer bewusst machen, dass sie Schöpferkraft verschwendet, wenn sie sich mit Ausrichtungen beschäftigt, die sich nicht auf die Tugenden und die Höherentwicklung des Menschen besinnen.

Ein weiterer Bereich sind Gedankengebilde von Seelen, bzw. Seelenteile von Menschen, die nach ihrem leiblichen Tod das Erdfeld nicht verlassen konnten. Sie sind immer noch mit Energien des Planeten verbunden, und manchmal ist ihr Streben nach Macht oder auch ihr Suchtverhalten so stark, dass sie unendlich lange Zeit benötigen, um zu einer Erkenntnis zu gelangen und weiterschreiten zu können. Manchen Seelen fehlt das Bewusstsein, dass ihre leibliche Hülle gar nicht mehr existiert. Sie leben in einer aufgebauten Scheinwelt und gehen ihren täglichen Bemühungen nach wie bisher. Andere Seelen stehen unter Schock und sind dadurch nicht in der Lage, sich zu lösen und in die nächste feinstoffliche Ebene überzuwechseln. Man erkennt sie daran, dass sie sich mit geschlossenen Augen zeigen und kaum ansprechbar sind, da sie so mit ihrer eigenen, selbst aufgebauten Gedankenwelt beschäftigt sind, dass sie die wahren Gegebenheiten um sich herum nicht registrieren. Diese Seelen und Teilbereiche von Seelen können sich mitunter Hilfe suchend an ihnen bekannte, aber noch verkörperte Seelen hängen und versuchen, sich dauerhaft in deren Astral-Aura mitzubewegen. Diese Seelen meinen es nicht böse und wollen dem Menschen auch nicht bewusst Schaden zufügen. Sie wissen sich nicht anders zu helfen, können aber bei diesem besetzten Menschen großen Schaden anrichten und dessen Energiehaushalt extrem durcheinander bringen, da sie die eigene Wirklichkeit auf jenen Menschen übertragen möchten. Dieser wehrt sich dagegen, die haftende Seele gerät dadurch in Existenzangst und übt noch stärkeren Druck aus. Ein unangenehmer Kreislauf beginnt.

Stellen Sie sich vor, zwei Brüder hätten gemeinsam nach dem Tod des Vaters die Firma weitergeleitet. Der ältere Bruder nahm sich gerne das Recht des Älteren heraus und versuchte, die Firma stärker zu kontrollieren, da er überzeugt war, er könne das besser, weil er reifer und erfahrener wäre. Der Jüngere hatte sehr darunter gelitten, da er zwar wirklich lebenslustiger war und die Dinge nicht so ernst genommen hatte, jedoch erhielt er nie die Chance, wirklich zu beweisen, dass er ebenfalls ein großes Maß an Verantwortung übernehmen konnte. Nach einem Unfall, der für den Körper des älteren Bruders den Tod bedeutete, schien es, als erhielt der jüngere jetzt seine Chance. Dem war aber dennoch nicht so, da viele Seelenteile des älteren Bruders die Führung der Firma durch den jüngeren so stark anzweifelten und sich selbst als einzig kompetent empfanden, dass sie sich ihres leiblichen Todes nicht bewusst wurden, ihn auch nicht sehen wollten, sondern die Aufgabe, die Firma zu leiten, nicht aufgeben konnten. So waren diese Teilbereiche Sklaven ihrer eigenen Prägung und konnten nicht im Fluss des Schöpferstromes fließen und weiterreifen. Diese Seelenpartikel des älteren Bruders begannen nun, sich mehr und mehr in die Aura des jüngeren Bruders einzuhängen und festzusetzen.

Dieser hatte ständig das Gefühl, weiter in seiner Entfaltung eingeschränkt zu sein und trotz der alleinigen Leitung der Firma nicht entscheidungsfähig zu sein. Die Energiefelder des verstorbenen Bruders setzten sich hartnäckig in seiner Aura fest und versuchten, von dort aus Einfluss auf die Firmenleitung zu bekommen, um die Herrschaft wieder übernehmen zu können. So war im Grunde kein absichtlich bösartiger Hintergedanke dabei oder gar das Bestreben, dem jüngeren Bruder auch gesundheitlich zu schaden, dennoch bewirkte diese Fremdbesetzung eine intensive Blockade der fließenden Kräfte, und es konnte sich zu den seelischen Einschränkungen sehr schnell eine körperliche Krankheit einstellen.

Durch die Ablehnung von fremden Energien und deren Einmischungen kann sich bei solch einer Besetzung sowie dem Versuch der Kontrollübernahme das innere Wesen der besetzten Person derart auflehnen, dass ein regelrechter energetischer Krieg stattfindet. Die Aura sieht ungeordnet aus, und kreisende Energieströme durchziehen das Energiefeld von oben bis unten. Doch auch solche Vorgänge sind zu erkennen, da im geschilderten Fall dem jüngeren Bruder mit Sicherheit Gewohnheiten oder Gedankengänge in den Sinn kamen, von denen er wusste, dass sie eigentlich seinem Bruder gehörten. So ist auch hier eine Selbstkontrolle notwendig und die Bereitschaft, Dinge anzunehmen und erkennen zu wollen. Dann kann man entsprechend handeln und umherirrende Seelenteile zur Erkenntnis bringen.

Eine starke Beeinflussung stellen verkrustete Gedankenformen im Menschen selbst dar, auch aus Teilbereichen, die sich bewusst oder unbewusst äußern. Diese Einstellung kann man in der Aura sehr gut erkennen. Wesen, die mit diesem Menschen verknüpft sind, zeigen sich ebenfalls in der Aura. Auch Verbindungen zu anderen Menschen sowie zu körperlosen Seelen sind durch energetische Verbindungsseile und Netze optisch nachvollziehbar. Neigt ein Bereich einer Seele dazu, seine Mitmenschen stetig zu verurteilen, und das noch besonders in den Bereichen, in denen er selbst noch nicht geläutert ist, wird die verurteilte Energie auf ihn zurückkommen. So kann es sein, wenn sich jemand über Ehe- bzw. Beziehungsprobleme anderer Menschen lustig macht, sie verurteilt und sich darüber erhebt, weil sie ihre Probleme nicht lösen können, dann mag es nicht sehr lange dauern, und er bekommt selbst diese Probleme, da er sich energetisch mit ihnen verbunden hat. Dies wird mit großer Sicherheit so eintreten, da die geistigen Gesetzmäßigkeiten unumstößlich sind. »Was wir gesät haben, werden wir ernten.« Somit kann die Persönlichkeit davon ausgehen, dass die Ereignisse, mit welchen sie konfrontiert wird, stets dazu dienen, sie zu einer Erkenntnis zu bringen oder um aufgebaute Energiestrukturen zu transformieren. Diese Vorgänge sind nicht gegen den Menschen gerichtet, sondern dienen dem Zweck, unerlöste Teilbereiche auf den Schöpferstrom auszurichten und somit die Aura zu reinigen.

Natürlich ist es nicht möglich, hier alle vorhandenen Strukturen aufzuzeigen, die sich im Feinstofflichen ausdrücken können. Manchmal entstehen Konflikte mit Naturwesen oder außerirdischen Lebensformen, die eine energetische Verbindung in die Aura der Menschen aufweisen oder sich manchmal lange Zeit in ihr aufhalten. Die hier entstehenden Gedankenstrukturen sind ebenfalls nicht zu unterschätzen und können eine starke Beeinflussung ausüben.

Wenn die Gedankengänge beobachtet werden und der Gefühlsbereich bewusst wahrgenommen wird, ist der Mensch immer in der Lage, auf solche Belastungen zu stoßen, da es jedem Gedankenfeld zu eigen ist, sich zu zeigen und zur

Verwirklichung zu drängen. Auch die den Menschen umgebenden hilfreichen Wesen sind im Einklang mit den höheren Seelenschwingungen immer bestrebt, dem Menschen Informationen zukommen zu lassen und ihn über Gedanken oder Emotionen zu unterstützen.

Vor all diesen Gedankenstrukturen und den daraus entstandenen Wesen und Energieformen sollte man sich nicht ängstigen. Durch die ständig zunehmende Zahl an Horrorfilmen und Katastrophenszenarien ist der Mensch immer stärker gefährdet, in Angst und Schrecken zu verfallen, was den noch lieblos ausgerichteten Wesen natürlich die nötige Energie geben würde, da die Betroffenen vergessen würden, sich auf die Liebe auszurichten. Im Grunde strebt alles mehr oder weniger entschieden dem einen Ziel entgegen. Wenn das Bewusstsein zunimmt, dass in jedem Wesen und Teilbereich ein Stück der Urkraft und Liebe Gottes fließt, wenngleich manchmal noch verschüttet, kann man alle ankommenden Energiefelder und Wesen in einem anderen Licht betrachten. Diese spüren sofort, in welchen Gedanken sie angenommen werden; und dem Menschen widerfährt nichts, was ihm nicht zuteil werden soll.

Keine Seele führt ihrer inkarnierten Persönlichkeit Prüfungen zu, die sie nicht zu bewältigen in der Lage wäre. So geschieht es manchmal, dass Loslösungen mit Wesenheiten, die in ihrer Erscheinungsform den Menschen noch zu sehr erschrecken würden, unbewusst geschehen, da die Liebe für solche Wesen und Formen noch nicht genügend ausgeprägt ist, um ihnen in tiefer Nächstenliebe und Verständnis bewusst zu begegnen. Könnten diese Wesenheiten und Energieformen von allen Menschen gesehen werden, würden viele auf Grund ihres Aussehens und der dunklen Tönungen in Panik geraten. Der Schock darüber würde das Energiefeld so zusammenziehen, dass eine Verarbeitung äußerst schwierig wäre. So ist für den Menschen das Nichtwahrnehmen der Feinstofflichkeit ebenfalls in seiner Ordnung und genau in der Form richtig, in der es geschieht.

Die Farbe einer Gedankenform

Die meisten Gedankenformen lassen sich nicht in nur eine Farbe einteilen. Es sind vielfältige Verbindungen mit den unterschiedlichsten Farbstärken möglich, je nach dem empfindungsmäßigen Inhalt. Man könnte grundsätzlich sagen, dass die Farben einer Gedankenstruktur die Farben der jeweiligen Gefühle darstellen, die sie beinhalten bzw. aus denen sie geschaffen sind. Jedoch lassen sich die Farben, die in den feinstofflichen Ebenen wahrgenommen werden, nur bedingt und in den höheren Ebenen nur ansatzweise mit den Wahrnehmungen der Farben vergleichen, die mit den physischen Augen wahrgenommen werden. Es sind in den feinstofflichen Ebenen eine unglaubliche Vielzahl von Farben erkennbar, die sich nur annähernd mit den irdisch wahrnehmbaren vergleichen lassen. Auch wird im Feinstofflichen die gefühlsmäßige Verbindung zum Farbenausdruck viel deutlicher wahrgenommen.

Eine besondere Bedeutung nimmt dort das Strahlen der Farben ein. So kann eine liebevolle Gedankenform in seiner rosa Farbe silbern und golden leuchten und weit um seine Form reichen. Beim Betrachten einiger Farben hat man das Gefühl, als würde man in die Tiefe einer Farbe vordringen können und erlebt so eine scheinbare Verflüchtigung und doch Erhöhung einer bestimmten Farbnuance. Die Wahrnehmungen sind so umfassend und anders als auf Erden, dass man sie keinesfalls mit dem Schauen des irdischen Auges vergleichen kann.

Man kann bei der Betrachtung von Gedanken Formen beobachten, die über einen starken Umriss hinaus eine Farbaura aufweisen, die sich durch die jeweiligen Gefühlszustände bildet.

So zeigt sich eine Gedankenform, die emotional auf Gier und deren Erfüllung ausgerichtet ist, in einer ausgeprägten Aura mit schmutzig gelblich-brauner Farbe, die immer versucht, auf das Umfeld einzuwirken.

Oft beinhaltet die Aura von Gedankenformen anhaftende fremde Gefühls- und Gedankenstrukturen. So wird ein Suchtbereich, der etwa auf Zigaretten begierig ist, in seiner Aura meist eine Unmenge von Fremdeinheiten aufweisen, die stetig über die Suchterfüllung befriedigt werden möchten und mit der Zeit den Raucher vollständig beherrschen können.

Von manchen Menschen wird die Farbe eines Gedankenmusters über das Gefühl aufgenommen, es kann dann gar nicht genau bestimmt werden, welche Farbe vorherrscht, sondern das Gefühl gibt Auskunft über den Inhalt.

Auch wird oft vom so genannten »Schwarz-Weiß-Schauen« gesprochen. Hier kann keine Farbe gesehen werden, sondern nur die verschiedensten Grau-Weiß-Schwarz-Kombinationen in den jeweiligen Dichten. Nach einigen Jahren jedoch verändert sich zumeist diese Betrachtungsweise, und mit der Zeit, je nach dem jeweiligen Fortschritt, stellt sich ein Farben-Sehen ein.

So ist es schwer, die Farben, die mit dem hellsichtigen Auge wahrgenommen werden, in das Irdische konkret zu übermitteln. Auch werden nicht alle Farben in gleicher Weise wahrgenommen und so manche Einteilung hat sich unter anderen Umständen als verändert herausgestellt. So soll hier keine genaue Einteilung vorgenommen werden, sondern lediglich eine Annäherung an die am häufigsten auftretenden Farbrichtungen zum Ausdruck kommen.

SCHWARZ

Schwarz gefärbte Gedankengebilde oder Wolken aus schwarzer Energie sind stets Ausdruck von großem Hass und extremer Lieblosigkeit, die sich in unterschiedlichster Auswirkung wie Rachsucht, absolutes Machtstreben und roher Gewalt zeigen können. Oft ist die Farbe Schwarz eine Beimischung zu anderen Gedankenstrukturen, da sehr viele niedere Beweggründe mit Gefühlen des Hasses belagert sind.

BRAUN

Die Farbe Braun wird mit einer rötlichen Beimischung als die Farbe des Geizes bezeichnet. Sie ist allerdings in vielen unangenehmen Gedankenformen beinhaltet, da sie auch als die Farbe der Eigensucht angesehen werden kann. Dazu gehört Eifersucht, Kritiksucht und sogar die Vernichtung von Leben, um selbst Vorteile zu erhalten. Die Farbe Braun ist leider viel zu oft in den Astral-Auren zu sehen, da sie sehr häufig im Emotionalbereich immer wieder neu geschaffen wird.

GRAU

Diese Farbe drückt Furcht und Beklemmung aus. Innerhalb einer depressiven Phase lässt sich diese Farbe fast immer in der emotionalen Aura erkennen. Formen mit der Farbe Grau neigen dazu, mit der Zeit das gesamte aurische Feld einengen zu wollen.

ROT

Die Farbe Rot drückt deutlich das Gefühl des Zornes aus. Da es allerdings viele Arten von Zorn gibt, liegt es an den Beweggründen, wie das Rot gestaltet ist. Mit Schwarz als Grundlage ist der Zorn von Hass erfüllt, mit Braun entsteht der Zorn aus Eigensucht.

Die Farbe Rot wird in ihren dunkleren Erscheinungen auch

als die Farbe der Sinnlichkeit bezeichnet. Je heller das Rot wird, umso mehr Hang zu wahrer Liebe zeigt sich dadurch. Die Verschiedenartigkeit der Rottöne ist sehr umfangreich. So wird das Pastellrosa als die Farbe reinerer Liebe gesehen. Je stärker es in das Violett reicht, umso reiner und aus tiefer Liebe geformt kann die Farbe wahrgenommen werden.

ORANGE

Orange wird als die Farbe von Stolz und Ehrgeiz bezeichnet. Es sind auch hier sehr viele Beimischungen möglich, je nachdem mit welchem weiteren Hintergrund der Gedanke gebildet wurde. So erscheint im Irdischen die Farbe Orange als angenehm, im Feinstofflichen allerdings ist sie sehr oft als trüber und unangenehmer Ton anzutreffen.

GELB

Gelb zeigt sich als die Farbe des Verstandes. Je heller das Gelb anzutreffen ist, umso deutlicher weist es auf höher ausgerichtetes Gedankengut hin. Im Mentalkörper kann sich das Gelb mit einem silbernen oder goldenen Strahlen zeigen, wenn das Gedankengut auf hohe Ideale ausgerichtet ist.

Bei dunkleren Nuancen ist die Tendenz zu selbstsüchtigen Zwecken erkennbar. So ist so manche eifersüchtige Gedankenform auch mit einem trüberen Gelb zu sehen, da Eifersucht auch eine Art der Selbstsucht darstellt.

BLAU

Blau wird als die Farbe der Religiosität bezeichnet. Auch hier ist eine unglaubliche Vielfalt an Formen und Farben sichtbar. Die Einfärbungen mit dunklen Tönen können vorherrschen und auf Fanatismus verweisen. Je heller die Farbe Blau wird und je strahlender, umso reiner spiegelt sie das Streben zur Göttlichkeit wider.

GRÜN
Selbst die grobe Einteilung dieser Farbe ist schwer zu definieren, da eine Vielzahl von Abweichungen möglich sind. So kann sie in dunkleren Tönen betrügerische Absicht andeuten. Ist sie heller und strahlender, zeigt sie Heilung an und Inspiration aus höheren Ebenen.

Diese Aufteilung ist wahrlich eine sehr grobe Einteilung, zeigt aber durchaus die Grundtendenz der genannten Farben auf. Die Vermischungen, die in den meisten Fällen anzutreffen sind, zeigen sich in unglaublicher Vielfalt, folgen jedoch stets diesen Grundsätzen.

Für die Wahrnehmung einer Farbe in der Aura ist auch die Dichte und Ausstrahlung von Bedeutung. Die Dichte zeigt auch hier die Intensität des Inhaltes auf. Das Strahlen mit silbernen oder goldenen »Farben« verdeutlicht die Nähe zur vollkommenen Energie.

So sollte beim Vergleich der feinstofflichen mit den sichtbaren Farben immer deutlich bleiben, dass eine Definition und genaue Wiedergabe für das materielle Auge einfach nicht möglich sind.

Der Umriss einer Gedankenform

Unter dem Umriss versteht man den sichtbaren Rand einer Gedankenform. In seiner Betrachtung kann man dünne Ränder, aber auch sehr dichte Randstrukturen ausmachen.

So kann der zerklüftete Rand einer Gedankenform darauf hinweisen, dass der Erzeuger in seinen hohen Idealen noch heranreifen muss und die Form mit niederen Begierden beladen ist.

Eine feinstoffliche Einheit, die mehr von Emotionen und weniger vom Verstand geprägt ist, zeigt sich nicht nur mit unscharfem Rand und manchmal mit überhaupt keiner Abgrenzung, sondern auch als wolkenähnliches Gebilde.

Je mehr konkrete Gedankenimpulse und Informationen darin enthalten sind, umso deutlicher tritt der Rand hervor. Ein Mensch, der bewusst und klar in vielen Bereichen weiß, was er möchte, wird in seinen Gedankenstrukturen auch eine klare Einteilung vorweisen. Sobald jedoch Erkenntnis und Verstandesdenken abnehmen, wird die Randform undeutlicher.

So sieht man in der Aura eines Menschen, der plötzlich in eine Situation gerät, die ihm große Angst und Schrecken einflößt, im Moment der Schrecksekunde sprühende, nicht abgegrenzte kleine Gebilde, die wie bei einer Explosion nach außen abgesprengt werden. Dies stellt einen enormen Energieverlust dar, und es dauert lange, bis der Energiehaushalt wieder ausgeglichen ist.

Je entwickelter der Erzeuger einer Gedankenstruktur ist, umso feiner und auch konkreter zeigt sich die Form und der Rand eines Gedankens. Die Abgrenzung ist deutlich zu sehen, und sie wird kräftig und doch durchlässig erlebt. Sie erscheint in einer inneren Ordnung und die Energien können darin fließen.

So kann man sagen, dass je klarer der gedankliche Hintergrund einer Gedankenform ist, umso deutlicher und sichtbarer wird der Rand einer Gedankenform gesehen.

12. Telepathie

Telepathie stellt eine Kommunikationsform dar, bei der man nicht die materiellen Sprachwerkzeuge benutzt, sondern den Kontakt in einer feineren Ebene durchführt. Der Kontakt mit einem körperlosen Wesen kann so auf der Herzensebene hergestellt werden, auf der auch Informationen zu erhalten sind. So kann es sein, dass eine wahre Informationsflut in Form eines einzigen kugeligen Gebildes in der feinstofflichen Ebene in das Herz-Zentrum eindringt, die Wirbelsäule nach oben wandert und im Gehirn in die jeweilige irdische Sprache des Empfängers übersetzt wird. Die gesamte Information wird in Bruchteilen von Sekunden übermittelt und wird manchmal von der aufnehmenden Person als heiße Welle empfunden. So ist das Gehirn mit seiner sprachlichen Ausrichtung der Übersetzer der telepathischen Übermittlung. Die alten Überlieferungen teilen dem Menschen mit, dass es eine Zeit gegeben haben muss, in der die Kommunikation ohne das Verwirrspiel der weltlichen Sprachen stattgefunden hat, und erst ab einem bestimmten Zeitpunkt, der manchmal als der zweite »Fall« bezeichnet wird, die Menschen plötzlich verschiedene Sprachen gesprochen haben. Von da an verstanden sie sich untereinander nicht mehr.

Telepathie ist eine wundervolle Form der Kommunikation, die niemanden an bestimmte Sprachmuster oder eine Grammatik bindet. Innerhalb der Telepathie gibt es keine trennende Sprache. Die Übermittlungen werden entweder über das Gefühl in der Herzgegend oder direkt über dem Kopfbereich als Information aufgenommen.

Während eines Kontaktes mit einem sehr lichtvollen Wesen ist stets ein tiefes Gefühl der Liebe zu empfinden. Hier gibt es nichts Falsches, sondern ein direkter, ungetrübter Austausch der Seelen ist gegeben.

Unter Telepathie versteht man nicht nur den Informationsaustausch, sondern die gleichzeitige volle Erkenntnis des gegenüberstehenden Wesens mit all seinen angelegten Strukturen und Absichten. Dazu gehört natürlich, dass der Mensch selbst bereit ist, sich diesen Wesen zu zeigen, im Wissen, dass er mit Sicherheit noch einige Muster in sich zu bearbeiten hat, aber in der Gesamtausrichtung einem höheren Ziel entgegenstrebt. So ist der Mensch frei und kann einem ihn völlig erkennenden Wesen mit Freude begegnen.

So gehört zu einem telepathischen Kontakt ebenso die Bereitschaft, auch sehr unangenehme Dinge sehen und erleben zu können, ohne in Verurteilung oder Zorn zu verfallen. Die Liebe zu den Mitmenschen und ihre mehr oder weniger starken Bestrebungen nach Höherentwicklung sollten ohne Wertung beobachtet werden können, erst dann wird dem Menschen noch mehr Einsicht gewährt.

Es ist eine wundervolle Möglichkeit, durch die Erlebnisse, die das Umfeld aufzeigt, noch bestehende, dem Erleben klarer Telepathie entgegenstehende Strukturen zu erkennen, sie bewusst zu erleben und sie in die Liebe und den Schöpferstrom auszurichten. Nur dann ist eine klare und reine Telepathie möglich.

Die unausgerichteten Bereiche und die zur Verarbeitung anstehenden Situationen werden dem Menschen durch das Gesetz der Resonanzen aufgezeigt. Dieses Gesetz veranlasst artgleiche Strukturen, die das Umfeld mit sich führt, in der Persönlichkeit eine Resonanzschwingung zu erzeugen. So ist der Planet Erde mit seiner unglaublichen Vielzahl an verschiedenen Schwingungsfeldern ein Ort, an dem vermutlich die intensivste Schulung und individuellste Läuterung stattfinden kann. Für alles, was im Menschen mitgetragen wird, gibt es hier ein Gegenüber, welches aufzeigen kann, darf und muss, was im Menschen selbst noch vorhanden ist. Dies enthüllt sich sodann sofort mit Emotionen, wodurch man deren Existenz feststellen kann. Berührt den Menschen eine bestimmte Schwingung nicht, hat sie keine Resonanz in ihm gefunden, ist also durchgeflossen ohne anzustoßen. In diesem Fall ist dieser bestimmte Bereich bereits durchlichtet.

Erreicht die Persönlichkeit in dieser bestimmten Schwingung eine telepathische Übermittlung oder ein geistiges Erkennen, wird diese Information nicht getrübt, sondern deutlich wahrgenommen werden können. Je freier und emotionsloser (nicht gefühlloser) der Mensch wird, umso klarer kann er telepathisch wahrnehmen.

In diesem Fall wird der Kontakt zu den feinstofflichen Körpern, in großem Maße dem Astralkörper, klarer und feiner, und die Erkenntnisse, die auf feinstofflicher Ebene wahrgenommen werden, können bewusster und reiner dem Tagesbewusstsein übermittelt werden.

Je mehr der Mensch an sich arbeitet, umso bewussteren Kontakt wird er zu seinen feinstofflichen Körpern erhalten und umso mehr kann er Vorgänge, die sich im Feinstofflichen abspielen, übermittelt bekommen und auch selbst bewusst wahrnehmen.

13. Die geistige Wahrnehmung einer Autobahn

Eine sehr effektive Möglichkeit zur Beobachtung und Erkenntnis vom Wirken feinstofflicher Strukturen ist das bewusste Fahren auf einer Autobahn. Hier kann man eine Vielzahl von Energiefeldern und Wesenheiten erleben, die in ihren Wirkungsweisen mehr oder weniger bei den einzelnen Menschen zur Auswirkung kommen.

Betrachtet man die Aura einer Autobahn, so lässt sich bereits sehr viel über die Vorgänge erkennen, die sich in der letzten Zeit dort abgespielt haben. Die Aura zeigt sich wie ein Energiegewölbe, welches sich über dem Straßenbelag erhebt. Die Farben, die Dichte und die Höhe hängen individuell von den vergangenen Vorkommnissen auf der Strecke ab. Auch der energetische Standort der Straße, vor allem der Magnet- und Energiefelder in Verbindung mit der Erde, lässt sich sehr gut erkennen.

Leider wird beim Bau einer Autobahn nicht auf die Erdwesen geachtet, die dort leben, sondern ausschließlich der materielle Nutzen der Strecke berücksichtigt. Diese Erdwesen leben in der dem Menschen nächsten feinstofflichen Sphäre, und sensitive Personen können sie in ihren vielfältigen Formen wahrnehmen. Sie sind grundsätzlich nicht gegen den Menschen eingestellt, können aber sehr verärgert werden oder sich zur Wehr setzen.

So kann es geschehen, dass beim Neu- oder Umbau einer Strecke über »ihren« bestimmten Berg diese Wesen durch die Einmischung der Menschen in großen Aufruhr geraten, da sie sich in ihrem Lebensbereich bedroht fühlen. Sie sind in ihrem Zorn in der Lage, auf intensive Weise gegen den Streckenbau einzuwirken. So können bereits zu Beginn der Umbaumaßnahmen in den verschiedensten Bereichen sehr viele Störungen auftreten, die sich bis zu Unfällen und Zerstörungen ausweiten können und die Fertigstellung verzögern.

Zumeist nimmt der Mensch jedoch darauf keine Rücksicht oder missachtet die Hinweise, da er die Strecke in jedem Fall fertig bauen möchte.

So werden die Autofahrer, die nach der Fertigstellung die Strecke benutzen, auf diesem Berg immer ein sehr sonderbares und ungutes Gefühl empfinden, und zwar so lange, bis die Naturwesen aufgeben oder sich die Schwingungen einigermaßen ausgeglichen haben. Ein sensibler Mensch wird in diesem Fall ein gewisses Schwindelgefühl erleben, da die Energien der Straße in keiner Weise mit denen der Erde harmonisieren. Durch diese Disharmonie wird das aurische Energiefeld des Menschen berührt und verwirrt. Das Energiefeld der Straße wirkt ebenso völlig verdreht, und dunkle Waben durchziehen spiralförmig die Aura in ihrer gesamten Höhe und Breite.

Die Erdwesen können einen intensiven Zorn entwickeln, der sich als sehr ungute Energie auf der Straße ausbreitet und den Autofahrer sogar in einen Unfall verwickeln kann. Es dauert mitunter sehr lange, bis sich die Wesen beruhigt haben und an einen anderen Ort gezogen sind. Das Gefühl von Schmerz und Wut bleibt dennoch lange an dem Berg haften, und an manchen Stellen nehmen die Verwirrungen kein Ende. In diesen Bereichen hören wir immer wieder von Unfällen und Gefährdungen für den Straßenverkehr.

Wie schön wäre es, wenn der Mensch in Harmonie mit den Wesen der Erde die Straßen, oder vielleicht besser noch Hochtrassen, bauen würde. Sie würden den Menschen gerne über erdmagnetische Felder informieren, die ebenfalls den harmonischen Energiefluss stören und durch ihre Einwirkung einen Unfall verursachen können. Diese Störfelder werden von den meisten Menschen gleichermaßen als unangenehm empfunden, da sie auf die persönliche Körperenergie und die Gefühlswelt einwirken. Lediglich die Stärke dieser Energiefelder ist unterschiedlich sowie die Wahrnehmung der jeweiligen Person.

Beim Neubau einer Strecke lässt sich ein interessantes Phänomen beobachten. Die gedankliche Ausrichtung der Straßenplanung sowie das Wissen der Straßenarbeiter, dass dies eine Straße werden wird, setzt zu Beginn zuerst einen kleinen vorbereitenden Anfang für das Entstehen des Autobahn-Energiefeldes. So kann die Straße in ihrer materiellen Vorbereitung abgeschlossen sein, aber es befindet sich noch keinerlei feinstoffliche, gedankliche Form und Aura auf der Straße. Die ersten Autofahrer, die diese Strecke benutzen, werden ein sehr klares und freies Gefühl empfinden und sie müssen sich wohl immer wieder klar machen, dass es auch tatsächlich eine Autobahn ist, die sie soeben befahren.

Die Spannungen und Verdichtungen der sonstigen Straßen können hier noch nicht wirken. Erst mit der Zeit wird das Energiefeld um die Straße in der Form geprägt und aufgebaut, dass sie auch im Feinstofflichen als solche dargestellt und erkannt wird. So wird für jeden Bereich die ihn umgebende feinstoffliche Struktur geprägt und in ihrer jeweiligen Aufgabe gedanklich festgelegt.

Man könnte auch hier vom »gedanklichen Einfahren« einer Straße sprechen. Mit jedem Fahren wird die gedankliche Ausrichtung geprägt und die Aufgabe festgelegt. Aus diesem Grund ist es auch energetisch aufwändig, lange bestehende Strukturen zu verändern, da sie ihren Inhalt durch die Gesetzmäßigkeit der Verwirklichung des jeweiligen gedanklichen Programms ausdrücken möchten und eine Veränderung immer zuerst durch Kraftaufwand, also durch eine neue gedankliche Ausrichtung im energetischen Bereich, stattfinden muss. Leider wird mit diesem Wissen viel zu wenig gearbeitet, es wären so manche Auswirkungen überflüssig und die Veränderungen könnten reibungsloser und weicher stattfinden.

Die Aura und das Energiefeld einer Straße sind auch in den Erdteilen der jeweiligen Mentalität angepasst. So sind z.B. in Ländern, in denen das Auto den Besitzern sehr viel bedeutet und dieses gehegt und gepflegt wird, das Machtverhalten auf der Straße deutlich intensiver ausgeprägt als in Ländern, in denen auf das Aussehen des Autos deutlich weniger Wert gelegt wird. In den Ländern, in denen das Auto mehr oder weniger als Fortbewegungsmittel dient, fließt die Energie auf den Straßen weicher und ruhiger. Möchte ein Fahrer in diesen Ländern überholen, wird ihm manchmal die Mitte von beiden Seiten freigehalten, damit überholt werden kann. Zwar zeigen sich hier und dort rötlich-schwarze bis rötlich-braune Blitze, die von manchem emotionsgeladenen Fahrer in seiner Wut auf eine Situation im Straßenverkehr kurzzeitig ausgesandt werden, jedoch sind diese Einheiten nicht von solch dauerhafter Art. Von hektischen und oft stressbeladenen Energiefeldern sind diese Straßen jedoch ebenso wenig frei.

In den Breitengraden, in denen das Auto und die Art des Fahrens mehr oder weniger als Ausdruck der Persönlichkeit betrachtet wird, ist es feinstofflichen Wesenheiten eine willkommene Stätte, um von den Emotionen der Fahrer energetisch aufgeladen und somit von diesen ernährt zu werden. Diese Wesenheiten und Energiefelder ziehen in Unmengen die Strecken entlang und warten auf eine Situation, die ihnen eine Möglichkeit der Einwirkung bietet. Da sich sehr viel Aktivität auf einer gut befahrenen Straße abspielt und sehr viele Menschen dort anzutreffen sind, ist dies ein geeigneter Ort für viele Einheiten, um auf Gelegenheiten zu warten, in denen Machtstreben, Besser-Sein-Wollen und Besitzgier der Menschen zur Auswirkung kommen. Die Einheiten dringen in das aurische Feld von Fahrerinnen und Fahrern ein, initiieren Emotionen und aktivieren diese Bereiche durch bestimmte Einflüsterungen, die speziell auf die persönliche Ausrichtung des Betreffenden wirken.

Ein Beispiel mag dies verdeutlichen. Ein Firmenangestellter hat Feierabend und möchte nach Hause fahren. Der Tag war für ihn sehr anstrengend und er hat sich über einen Kollegen geärgert, der ihm gewisse Veränderungen aufdrängen wollte. Seine Aura ist aufgeladen mit Zornesenergie und hat sich im körpernahen Feld teilweise verdunkelt. Die Wesenheiten erkennen dies sofort und drängen sich zügig an seine Aura heran.

Kaum hat er sich in die Energiebahnen der Straße eingereiht, heften sich die ersten Einheiten an sein Energiefeld. Langsam aber sicher beginnen sie einzufließen, da ihnen die Möglichkeit des Einwirkens durch die Gleichheit der Schwingung, die des Zornes in ihren farblichen Auswirkungen, gegeben ist. Der Mann kommt immer mehr unter Druck.

Nun beginnen die ersten Auswirkungen auf der Fahrbahn. Kurz vor ihm zieht ein deutlich langsameres Auto nach links auf die Überholspur und bremst den Fahrer aus. Der erste Ärger auf die überholende Person beginnt zu bohren. Dies wurde noch relativ gelassen hingenommen, aber nun geht es weiter. Ein LKW zieht nach links und braucht anscheinend Ewigkeiten, um einen langsameren zu überholen. So geht es weiter, da das Verhalten der anderen Fahrerinnen und Fahrer durch die Energetik der Aura unseres Beispielmannes provoziert werden und die feinstofflichen Wesen ihr übriges tun, um ihn in die Emotionen des Ärgers hineinzumanövrieren.

Dies wird bald vollends erreicht und der Mann ist nun aufs Höchste erregt und produziert sehr viel Energie des Ärgers, welcher auf das Umfeld abgeworfen und gleichzeitig von den Wesenheiten als Energie genutzt wird.

So erstarrt sein Energiefeld immer mehr, da er dem Fluss der Schöpferkraft nicht mehr die Möglichkeit lässt, frei zu fließen, sondern seine Aura mit Dunkelheit erfüllt. Sehr zur Freude der Energiewesen, da sie sich in solch einer Aura wohl fühlen.

Oft findet eine länger andauernde Besetzung durch solch eine Situation statt, und es dauert lange, bis wieder Gefühle der Nächstenliebe und Demut den bestimmten Bereich harmonisieren und den weichen Strom höherer Kräfte fließen lassen. Dann wundert man sich, warum man kaum mehr Energie zur Verfügung hat und ungute Gefühle den Tagesablauf bestimmen.

Da nun solch ein Vorgehen der Mitmenschen auf der Autobahn nicht zum normalen Ablauf einer Heimfahrt dieses Mannes gehört, kann er erkennen, dass etwas mit ihm nicht in Ordnung ist und die Energie nicht fließt. Er sollte sich nun Zeit für sich nehmen und die Ursache der Störung, nämlich das Problem mit seinem Kollegen, emotional in Harmonie bringen und den Ärger durch Verständnis und Nächstenliebe ausgleichen. Dann wird sich sofort sein aurisches Feld reinigen und die Wesenheiten auf der Autobahn weichen. Es existieren sofort deutlich weniger Eindringungsmöglichkeiten für Energieräuber.

Dieses Beispiel verdeutlicht eine Situation, die sich auf Grund einer momentanen Veränderung in der Ausstrahlung dieses Mannes gezeigt hat und nach ihrer Erkenntnis und einer Neuausrichtung wieder auflösen wird.

Ganz anders ist es bei Menschen, die sich noch stark auf das Ausleben von Macht ausrichten. Hier gehört der Kampf auf den Autobahnen zur Normalität. Die anderen Fahrerinnen und Fahrer werden als Konkurrenz betrachtet, und wenn diese in ihre Schranken verwiesen werden, wird dies als Gefühl von Herrschaft und Macht genossen. Solche Menschen ziehen eine gewaltige dunkle Aura hinter sich und ihrem Wagen her und benötigen im Energiebereich eine Unmenge von Platz, da sie mit ihren großen Ansammlungen von dunkler, verdichteter Energie die Bahnen einer Straße füllen können. Hier zählt nicht das Vorbeilassen und das Miteinander, sondern stets das Besser-Sein-Wollen und Schneller-Sein und vor allem die Kontrolle des Überholstreifens als Zeichen ihrer Macht. Lediglich wenn ein deutlich teurerer Wagen als der eigene vorbei möchte, wird dies manchmal gewährt, da diese Menschen vor den scheinbar übergeordneten Machtfeldern des Planeten gerne gut dastehen möchten. Einige benötigen jedoch auch hier das Gefühl der Macht, und über Ausrichtungen ihrer Teilbereiche holen sie sich dadurch Energie, dass der Hintermann ja etwas von ihm möchte, deshalb energetisch drückt und dieser Druck als Energie von dem Verursacher genutzt wird.

Ein weiterer Bereich der Energiefelder auf den Autobahnen ist der emotionale Druck. Druck ist eine erzeugte Form von Energie, bestehend aus Emotion und Gedankenkraft. Es ist ursprüngliche Schöpferkraft, die jedem Menschen zur Verfügung steht, allerdings fehlgenutzt zur Schaffung von eigenwilliger Energie. Druck ist stets Eigenwille, da er den Vorstellungen der jeweiligen Person entspringt und diese den Willen durchsetzen soll.

So kann hier eine große Energiemenge produziert werden, die von vielen Menschen wie eine Keule im Genick empfunden wird, sobald ein Autofahrer mit einer Ansammlung dieser Energie von hinten anfährt. Manche einfühlsame Person, die dies empfindet und sich solch einer Energie nicht aussetzen möchte, huscht erschreckt von der Überholspur nach rechts, wenn sie dies bemerkt.

Manchmal lässt sich beobachten, dass die Energie des Druckes auf das langsamere Auto von dessen Fahrer genutzt wird und – durch unbeirrtes langsames Weiterfahren als Demonstration des eigenen Machtverhaltens – der Hintermann so in seinem Energiefeld geschwächt wird. Auch hier kann man von Energieraub sprechen, durch den sich manche Menschen kurze Zeit wirklich besser und wichtiger fühlen.

Immer jedoch müssen die produzierten Energien belastenden Druckes, die auf das Umfeld abgeschleudert werden, von dem Verursacher wieder zurückgenommen werden, in den meisten Fällen mit mehrfacher Stärke. So kann ein Fahrer die Situation, dass ihm fast die hinteren Stoßdämpfer poliert werden, dazu benutzen, um zu erkennen, dass er noch etwas diesbezüglich zurückzuholen hat. Er sollte sich dann nicht erneut auf die Produktion von Zornesenergie einlassen, sondern die Angelegenheit dazu benutzen, diese Energien in Liebe und Erkenntnis umzuwandeln. Er kann dies als geführte Ausgleichssituation betrachten und für diese Möglichkeit dankbar sein. So befreit er seine Aura von weiteren Ansammlungen, die er irgendwann einmal produziert hat.

Wenn wir eine Autofahrt dazu nutzen, unser Umfeld und uns selbst zu erkennen, können wir unter anderem sehr oft erleben, wie ein Autofahrer in dem Moment, in dem er überholt wird, auf das Gas tritt, um das Überholmanöver zu verhindern. Hier wirkt ein sehr alter Flucht- und Kampfreflex, der nicht zulassen will, dass ein anderer Mensch scheinbar schneller oder besser ist und die eigene Person will vorne gehalten werden. Dies ist ein Wesenszug, der durch viele Schichten der Aura dringt und grundsätzlich mit dem Umfeld in regem Austausch steht. Diese Bereiche werden ständig aktiviert, zum einen auf Grund der Resonanzgesetze, zum anderen auch dafür, um erkannt und transformiert werden zu können.

Die Aura einer Autobahn besteht aus einer Energiestruktur,

die beständiger bleibt, und einer, die sich nur für kurze Zeit zeigt, meist einige Stunden bis höchstens drei Tage. Zur länger bestehenden Struktur gehören Felder, die sich aus der Menge der fahrenden Autos ergeben und aus den Situationen, die sich meistens auf Autobahnen abspielen.

Zu den kurzfristigeren gehören beispielsweise meterhohe Aufwallungen, die sich aus den Emotionen der nachfolgenden Autofahrer ergeben, wenn langsame Autos oder eine Autokolonne für lange Zeit immer links auf der Überholspur fahren, ohne die nachfolgenden schnelleren Autos vorbeizulassen. Hier formt sich ein wildes Energiegemenge, welches sich zu einer Ballung konzentriert und tief in das Emotionalfeld eindringen kann. Ebenfalls kann man nach einem Tag, an dem durch den Ferienbeginn in einer bestimmten Gegend enorm viel Verkehr auf der Autobahn stattgefunden hat, viele verdüsterte Felder von Hast und Druck erkennen, die spürbar in der Luft hängen und an die Hektik dieses Tages erinnern. Erst nach einiger Zeit legen sich diese aufgebauten Felder, und in die Aura der Autobahn kehrt wieder die gewohnte Energiestruktur ein.

Eine kurzfristige Schaffung von Energiefeldern, die sofort auf das Umfeld übergreifen und es animieren möchten, sind Felder der Sensationslust und der Gier nach Katastrophen. Oft möchten sich Menschen auch damit brüsten, was sie scheinbar alles gesehen und erlebt haben, um sich vor den Mitmenschen darzustellen und die Wichtigkeit der eigenen Person zu unterstreichen. Diese Menschen lassen keine Situation aus, um sich an Unfällen zu ergötzen. Nachfolgende Fahrzeuge werden ungeachtet des Verkehrsstromes ausgebremst, damit auch ja alles genau betrachtet werden kann. Letztendlich versorgen solche Autofahrer damit nicht sich selbst mit Energie, sondern artgleiche Wesenheiten, die ihnen bei der Erfüllung von produzierter Energie ein kurzzeitiges befriedigendes Gefühl übermitteln, damit in Zukunft nicht aufgehört wird, solchem Laster zu frönen.

Es ist gar nicht so leicht, in den Energieturbulenzen auf einer solchen Straße ruhig und ausgeglichen zu bleiben, Man darf sich stets bewusst machen, dass eine Einmischung oder Energieproduktion sofort eine Schwächung des persönlichen Energiefeldes bedeuten würde.

Ein weiteres zu beobachtendes Phänomen sind die Auswirkungen von Verurteilungen anderer Autofahrer. Hier ist eine sehr genaue Beobachtung der eigenen Person von Vorteil. Angenommen, bei der Nachhausefahrt, die ein Familienvater möglichst schnell zu Ende bringen möchte, schiebt sich ein deutlich langsameres Auto knapp vorher auf die Überholspur und bleibt die ganzen Lastwagen entlang auf der linken Seite, ohne zwischendurch nach rechts auszuweichen, um die nachfolgenden Fahrzeuge vorbeizulassen. Es kommt eine gewaltige Wut hoch, die die Atmung aktiviert, und mit Beschimpfungen und heftigem Zorn entsteht eine Energiekonzentration, die in ihrem vollen Umfang auf den alle blockierenden Wagen mit der betreffenden Person geworfen wird. Es ist eine tatsächliche, feinstofflich-materielle Menge an Energie, die das Energiefeld der anvisierten Person erreicht. Es entsteht somit das Ergebnis, dass der Mensch in seinem feinstofflichen Energiehaushalt regelrecht beschossen wird und mit dieser Energie nun irgendwie umzugehen hat. Endlich fährt nun diese Person nach rechts und lässt die anderen vorbei. Der inzwischen sehr wütende Familienvater ist völlig aufgebracht und nervös, und seine Aura ist durcheinander gewirbelt. Erst nach einiger Zeit beruhigen sich die Wogen, und sein Atem wird wieder ruhiger. Aus der Welt ist die Energie für den Autofahrer allerdings nicht, da jeglicher Energieproduzent für die Auflösung und Wirkung seiner Energie verantwortlich ist.

So kann es geschehen, dass er, nachdem er die nächste Raststätte verlässt, sieht, dass in dem Auto, das ihn so blockierte und welches er so mit seiner Energie beschossen hat, eine ganz junge Frau sitzt, die mit Sicherheit noch nicht viel Fahrerfahrung gesammelt hat und die gerade ihren nur wenige Tage alten Säugling aus der Sicherheits-Babywanne ihres Wagens holt. Vielleicht bemerkt er, dass sie sehr unsicher wirkt und eigentlich einen sehr sympathischen Eindruck macht.

Erkennt er in diesem Moment, durch das Gefühl der Zuwendung und Einsicht, dass es ihm plötzlich sehr leidtut, so kann sich die aufgebaute Energie schnell verändern; und wenn er die Situation als Möglichkeit sieht, in Zukunft nicht mehr so schnell andere, etwas schlechter fahrende Mitmenschen zu verurteilen und mit negativer Energie zu überhäufen, wird er großen Nutzen aus der Situation ziehen. In den meisten Fällen von Beschimpfungen handelt es sich um einen Mangel an Nächstenliebe und dem Nicht-Darandenken, dass es vielleicht eine Ursache hat, dass der eine oder andere einfach nicht anders fahren kann, aus Gründen der Unsicherheit oder aus Angst, weil die betreffende Person vielleicht kurz zuvor einen schlimmen Unfall erlebt hatte.

Würde in diesem Sinne auf den Straßen miteinander umgegangen werden, die Aura würde sich schnell lichten und Wesen, die sich von Ärger und Machtstreben ernähren, würden die Fahrbahnen verlassen müssen.

Auch für Menschen, die bereits viele Teilbereiche ihres Wesens ausgerichtet haben, ist es nicht leicht, sich auf den Straßen dauerhaft in liebevoller Einstellung zu bewegen. Sehr stark sind die negativen Wesenheiten, die im steten Streben darauf ausgerichtet sind, Zwang auszudrücken, ungute Gefühle zu verbreiten und Ärger und Verurteilung zu provozieren. Sie durchziehen wie dunkle Waben die Straßennetze, und manchmal bleiben sie dauerhaft an bestimmten Kreuzungen oder Wegstrecken haften, um ihre

Ziele zu erreichen. Diese Wesen leiden an einem starken Mangel an Liebe und sie glauben, nur dadurch am Leben zu bleiben, indem sie ihrem Programm weiter dienen und dadurch artgleiche »Nahrung« bekommen. Sie sind nicht als böse zu betrachten, da sie nicht böse sind um des Wesenszuges willen, sondern deshalb, weil sie es einfach nicht anders wissen. Sie folgen ihrem Programm und beinhalten meist noch einen Seelenteil der Person, die sie geschaffen hat. In vielen Fällen existieren sie nicht allein, sondern haben sich mit mehreren der gleichen Art zusammengeschlossen.

Wenn sie nun in der Aura eines Menschen einen artgleichen Wesenszug entdecken, versuchen sie, diesen zu aktivieren, damit er über den Menschen selber wirkt und ihn zur Bildung von Ärger veranlasst.

Bei einer klaren Selbstkontrolle kann aktiv mit diesen Bereichen umgegangen werden, und wenn die Liebe auch zu solchen Wesenheiten erstarkt, kann der Mensch mit kräftigen Schritten auf dem Weg zu höherer Erkenntnis weiterschreiten. Dieser Weg ist nicht einfach, und es sind nicht viele Menschen bereit, ihn zu gehen. Jedoch nimmt die Zahl derer zu, die sich nicht länger mit den leeren Versprechungen der modernen Welt zufrieden geben, sondern nach mehr Hintergrundwissen und persönlichem Weiterkommen streben.

Wenn man die Aura einer Autobahn betrachtet, kann man an Stellen, an denen etwa eine Person durch Unfall leiblich zu Tode kam, manchmal noch anhaftende Seelenteile erkennen. Sie verweilen dort in schlafartigem Zustand und haben nicht erkannt, was ihrem Trägerkörper geschehen ist. Der Schmerz und das Unverständnis für die Geschehnisse stehen deutlich im Äther. Die Seele in ihrer Gesamtheit ist bereits in die feinstofflichen Ebenen weitergegangen, die bestimmten Teilbereiche jedoch konnten nicht folgen, da sie nicht loszulassen vermochten oder sich in einem Schockzustand befinden. Zwar sind sie mit einer zarten Energieverbindung immer an die Gesamtseele angeschlossen, wenn sie sich jedoch nicht an sie wenden, kann sie auch nicht für den Rückweg genutzt werden. Auch die Versuche der feinstofflichen Helfer, auf die Seelenteile einzuwirken, fruchtet in solchen Fällen meist erst nach langer Zeit.

Dies hat mitunter damit zu tun, dass der Mensch in unserer Kultur zu wenig über das Leben nach dem Tod und die Existenz von Seele und Geist aufgeklärt ist. In vielen Fällen hängt es auch damit zusammen, dass die jeweilige Persönlichkeit von diesen Bereichen einfach nichts wissen wollte oder sich davor fürchtete. So ist das Bewusstsein nicht auf diesen Vorgang ausgerichtet und die natürliche Loslösung wird zuweilen sogar blockiert.

Frische, durch Unfall hinterlassene Tierkadaver sind manchmal noch mit sehr viel feinstofflicher Substanz des Tieres behaftet, da der feinstoffliche Inhalt ruckartig aus dem Körper geworfen und die Einheit lieblos und achtlos zurückgelassen wurde. So ist es immer wieder schön zu beobachten, dass feinstoffliche Helfer und lichtvolle Wesen unterwegs sind und hier helfen können, die Bereiche zu harmonisieren und auch Seelensubstanz weiterzugeleiten.

Stets berührt der gefühlte Schmerz die Aura eines jeden Menschen, der an dieser Stelle vorbeifährt, allerdings wird er nicht immer wahrgenommen. Je mehr allerdings das Bewusstsein für die feinstofflichen Wirklichkeiten geöffnet wird und der Mensch auch bereit ist, an sich zu arbeiten, umso klarer wird die Aura und umso deutlicher können Wahrnehmungen gemacht und liebevoll die bestimmten Bereiche unterstützt und harmonisiert werden. So möchte die Schöpferkraft durch den Menschen hindurchwirken, damit er so der gefallenen Schöpfung auf ihrem Nachhauseweg zu dienen vermag. So kann eine Fahrt auf der Autobahn eine Spiegelung des momentanen emotionalen Zustandes darstellen und dazu beitragen, der Persönlichkeit zu größerer Erkenntnis zu verhelfen und die Aura zu klären.

14. Die Beeinflussung durch Energiefelder

Der Mensch lebt auf diesem Planeten, um zu lernen, um Erkenntnisse zu erlangen und um unbewusst wirkende Teilbereiche seines Wesens zu ergründen. Er sollte ihre Ausrichtung erkennen und mit ihnen arbeiten, damit sie sich alsdann auf den Schöpferstrom ausrichten können. So sollte er nicht davon ausgehen, dass die inkarnierte Persönlichkeit bereits mit all ihren Teilbereichen vollkommen ist, sondern stets achtsam den Weg, der aufgezeigt wird, beobachten. So mancher Bereich, solange er noch nicht vollkommen auf die Tugenden ausgerichtet wurde, ist anfällig für Einflüsterungen und Verführungen, die den Menschen fremdbestimmen und ihn nicht sein Leben selbst leben lassen.

Dies machen sich besonders Energiefelder zu Nutze, die in unzähligen Einheiten über den Planeten streifen und sich an geeignete Orte hängen, um Menschen zu aktivieren und dadurch Energie zu erhalten. Mitunter werden solche Energieeinheiten auch bewusst produziert, um beispielsweise Ziele von Firmen, die ihre Produkte verkaufen wollen, zu realisieren.

Die genannten Energiefelder dieser Wesen können in ihrer Stärke und Größe stark variieren. So können Einheiten gefühlt werden, die, kurz bevor man im Supermarkt die Kasse erreicht, versuchen, die so genannten niederen Instinkte zu wecken, in der Art von: »Ich muss Erster sein«, oder »Schnell, schnell, bevor ein anderer vor mir kommt und ich womöglich warten muss.« Diese Gedanken führen zusätzlich zu dem Gefühl, sich über andere erheben und diese übertrumpfen zu müssen, bzw. gewinnen zu wollen. Sobald die Energie darauf ausgerichtet ist, einen anderen Menschen klein zu machen oder ihn zu schädigen, trifft es meist auch ein, dass die Gedanken umgesetzt werden und den Betreffenden Energie genommen wird. Lässt sich der Mensch auf dieses Vorgehen ein, wird er schnell darin verwickelt, und Ärger-Energie ist vorprogrammiert.

So sieht man diese Einheiten lauernd vor und über den Kassen hängen, und sobald sie eine Möglichkeit registrieren, um einzuwirken, stürzen sie sich sofort auf die Person und lassen sie in Hektik geraten, um schnell vor den anderen dort zu sein und um nicht zu kurz zu kommen. Gehen zwei Personen zur selben Zeit zur Kasse, wird es für diese Kräfte noch einfacher, die Menschen anzustacheln, da der persönliche Vorteil vielen Menschen wichtig ist. So kann man sich bei einem direkten Einfluss schwer dagegen wehren, ist man jedoch in der Lage, die Einflüsterungen vor deren Auswirkung zu erkennen muss man den Vorgang nicht ausleben. Der Mitmensch kann bewusst vorbei gelassen werden, und dann ist keine Verknüpfung mit diesen Kräften geschehen. Auch hier kann der Mensch lernen, solche Energieeinheiten in Liebe zu betrachten, da dies der einzige Weg ist, frei zu bleiben und sich auch nach Berührungen wieder lösen zu können.

Als sehr intensives Feld der Beeinflussung auf diesem Planeten ist das Feld des Glückspiels zu bewerten. Die Wesen, die jenes Feld beleben, sind stets darauf aus, Menschen in die Haltlosigkeit der Glückspielenergie hineinzuziehen, um ihnen dadurch Energie zu entwenden. Da Geld ebenfalls Energie bedeutet, wird über das Geld und über das Verlustgefühl die Schöpferkraft eines Menschen abgezogen und von jenen Kräften verwertet. Der Suchtfaktor kann hier ebenfalls sehr stark einfließen.

Betrachtet man als Beispiel einen Mann, der in seinem früheren Leben ein absoluter Spieler war und sich im Herrschaftsbereich dieser Energien befunden hat, so sieht man, wie er im Laufe seines Lebens alles verloren hat, seine Frau, seine Kinder, Haus und Hof. Der Verlust seiner Familie hat ihm großes Leid gebracht, aber er sah keine Möglichkeit, seine Spielsucht unter Kontrolle zu bekommen, da ein großer Bereich in ihm die Macht des Sieg-Augenblickes genoss und nach dem Nervenkitzel verlangte, an leicht verdientes Geld heranzukommen. Hier konnte er seinen Schmerz und seine Minderwertigkeitsgefühle vergessen.

Nun erfolgte eine erneute Inkarnation, und die jetzige Persönlichkeit, wiederum männlich, hat es sich zur Aufgabe gemacht, diesen Bereich jetzt von der Erkenntnis her zu durchdringen und zu erlösen. Sicherlich wird dieser Mann zuerst einmal erneut dem Glücksspiel verfallen, da die auf der Erde existierenden Felder der Spielsucht alles daran setzen, über die Resonanzgesetze in die Aura des Mannes einzudringen und diesen zu verführen. Sie werden ihn anstacheln, ihm Gedanken eingeben und ihn dazu bringen wollen, wieder Energie und Seelenkräfte zu verspielen. Nicht selten wird ein energetischer Pakt mit den Dunkelkräften geschlossen, um zum Sieg im Spiel zu gelangen. Jedoch besteht durch deren Aktivierung auch die große Möglichkeit zur Erkenntnis und zur Harmonisierung der Seelenenergien des Mannes.

Es ist nun nicht leicht, diesen Bereich zu transformieren, da mit der Aktivierung des mitgebrachten Bereiches für den Mann auch die Schmerzgefühle durch den Verlust der Familie aus dem früheren Leben auftauchen und zur Annahme geführt werden möchte. Nimmt er dies im intensiven Streben der Seele nach Freiheit und Hinwendung zu den Lichtkräften an, werden ihm alle erdenklichen Hilfen aus den feinstofflichen Ebenen sicher sein, um hier befreit zu werden.

Wie alt sich bestimmte Energiefelder, in Erdenjahren gemessen, darstellen, ist nur im Ansatz zu erkennen. Sicherlich sind von Anbeginn der Menschheitsgeschichte Felder geschaffen worden, die bis heute hoch aktiv sind und massiven Einfluss auf Männer und Frauen gleichermaßen ausüben.

So liest man in den Geschichtsbüchern, dass bereits sehr früh die Einteilung vorgenommen wurde, dass der Mann auf die Jagd ging und für Nahrung und Felle sowie für die Sicherheit der Familie und des Stammes sorgte. Die Frau war für die Zubereitung der Speisen, das Wohnobjekt, die Wäsche und vor allem für die Erziehung und das Heranwachsen der Kinder verantwortlich. Kam der Mann nach Hause, hatte die Frau für ihn zu sorgen, da er im »Kampf« seine Energie verbraucht hatte, beziehungsweise in späterer Zeit das Geld heimbrachte. Die Frau, selbst nichts verdienend, hatte zu Hause den Mann zu versorgen und für die Familie da zu sein.

Leider wirkt dieses Feld fast immer noch in seiner ursprünglichen Form, obwohl inzwischen viele Frauen in den westlichen Ländern selbst Geld verdienen und ebenso für den Unterhalt »kämpfen« wie der Mann. Allerdings soll sie in vielen Familien immer noch springen und alle Hausarbeiten übernehmen, wenn der Mann abends die Beine hochlegt, weil es einfach immer so war, dass die Frau die Hausarbeit macht. So wirkt dieses alte Klischee zusätzlich zu den fixierten und überlieferten Strukturen der Familiengestaltung. Die gedanklich modern eingestellten Frauen haben es derzeit noch schwer, das immer wieder wirken wollende Feld mit dieser Struktur zu bändigen und sich ihrer neuen Stellung als Frau bewusst zu bleiben. Sie sind die Bahnbrecher für die Neuorientierung dieses Feldes, und die »Aufbrecher« und »Umgestalter« haben es immer schwerer als die, die in der Folge den aufgebrochenen Weg gehen können. Die alten Felder fühlen sich in ihrer Existenz bedroht und wollen ihr Programm unbedingt aufrecht erhalten. Oft nutzen die Menschen, die solch ein Feld zu verändern beginnen, aggressive und manchmal auch gewalttätige Emotionen und Eingriffe, um die erste Hürde dieser festgefahrenen Energien zu überwinden. Sie sehen keine andere Möglichkeit, um die erste dichte Struktur zu durchbrechen. Leider vollzieht sich dies sehr schnell, und die ersten Frauenbewegungen begannen am Anfang ihrer Bewegung in ein eigenwilliges Extrem zu fallen. Sobald die erste harte Kruste alter Strukturen durchbrochen ist, wird es etwas ruhiger, jedoch erfordert es immer noch einen intensiven Einsatz und eine Neuausrichtung. Eine Umgestaltung ist immer möglich, und mit dem notwendigen energetischen Einsatz und Engagement kann alles gelingen.

Zurzeit lässt sich in unserer Kultur immer wieder beobachten, dass immer mehr alte beeinflussende Energiefelder sich nicht mehr halten können und durch neue Ausrichtungen langsam ersetzt werden. So existierten früher in manchen Familien sehr starke Familiengeister, die alles daransetzten, die Kinder in ihrem Muster zu halten und sie nicht fortgehen zu lassen. So war der Sohn eines Hoteliers »verpflichtet«, das Haus weiterzuführen; politisches Engagement musste in den Familien fortgesetzt werden oder alle Kinder mussten in der jeweiligen Firma untergebracht werden, ob sie nun wollten oder nicht. Der Familiengeist ließ ihnen allen keine große Wahl. So konnte auch immer bei einem der Kinder genau erkannt werden, wer nun den wirkenden Familiengeist besonders in sich trug, da er »genau so« war wie der Vater.

Innerhalb von Familien kann man auch beobachten, dass die Kinder die Vorstellungen der Eltern ausleben sollen. Das aufgebaute Wunschfeld eines Elternteiles ist so stark, dass dieses Feld auf die Tochter/den Sohn projiziert wird, dort eindringt, wirken will und somit sein Programm entfalten kann. Die Energien des Elternteiles werden über das Leben des Kindes somit gespeist. Das Kind selbst hat bei solch einer Beeinflussung schwerlich die Möglichkeit der Flucht, da man sich den Eltern und deren Zugriff energetisch meist stark öffnet und somit der Zugang gewährt wird. Hier darf sich der beeinflusste Mensch natürlich fragen, ob er ebensolche Teile der Beeinflussung in sich trägt oder aus früheren Inkarnationen Energien abzutragen hat.

Ein stark wirkendes Feld auf diesem Planeten, welches in den Persönlichkeiten aus früheren Inkarnationen wirkt und durch viele Menschen auch in heutiger Zeit noch gestärkt und unterstützt wird, ist der Bereich der sexuellen Enthaltsamkeit im Zuge von Glaubensgemeinschaften. So bleibt es selbstverständlich jeder Seele überlassen, wie sie ihr Leben und besonders diesen Bereich für sich gestaltet, jedoch wurden diesbezüglich in der Vergangenheit sehr viele Zwänge ausgeübt, was den eigentlichen Zweck solcher Beweggründe in den Hintergrund drängte. Machtvoll mussten viele Menschen gegen ihre körperlichen Bedürfnisse vorgehen, noch bevor sie diese energetisch-körperlichen Ströme in höhere geistige Potenzen verändern konnten. Nicht selten erlebt man starke Blockaden im partnerschaftlichen Umgang, und die Sexualität ist intensiv gestört. Dies zeigt das Beispiel einer jungen Frau, die in einem ihrer Vorleben eine Nonne war und in einem anderen ein Priester, der das Zölibatsgelübde abgelegt hatte. Diese Frau konnte in diesem Leben einfach keinen Partner finden, da ihre Gegenüber sich kurz vor einer Beziehung aus unerklärlichen Gründen immer verabschiedeten und meist überhaupt kein Kontakt mit dem anderen Geschlecht stattfinden konnte. In der Aura dieser Frau befand sich immer noch das abgelegte Gelübde sowie ein großes Potenzial an ablehnender und die Zweisamkeit stark verurteilender Gefühlsballung, da die frühere Persönlichkeit ansonsten überhaupt nicht zurecht gekommen wäre. Auf energetischer Ebene werden diese beiden alten Bereiche von den Mitmenschen gefühlt und einen Konflikt mit so starken Vorschriften, wie z.B. jenen der Kirche, möchten nur wenige Menschen eingehen. So ziehen sie sich eher zurück oder gehen erst gar nicht auf einen anderen Menschen zu, um hier nicht von dem dahinter wirkenden Energiefeld angegriffen zu werden. Man fragt sich dann, warum denn überhaupt keine Partnerschaft stattfinden kann und weiß mit der Zeit nicht mehr, wie man es sich erklären soll. Aber es geschieht nichts umsonst, und wenn etwas nicht fließt, sind auch Blockaden vorhanden, die dies verursachen.

Auch ein von der Persönlichkeit aufgebautes Energiefeld aus dem jetzigen Leben kann eine intensive Beeinflussung darstellen. So kann man etwa bei einem Mann erleben, der sein ganzes Leben sehr hart gearbeitet hat, dass er nach seiner Pensionierung mit seinem Leben in keiner Weise mehr zurecht kommt. Als er mit seiner Arbeit als junger Mann begann, musste er sich sehr einsetzen, um einen gewissen Erfolg zu erzielen. Dann kam die Heirat, es folgten drei Kinder und der Hausbau, ein Hund, und alles musste ernährt werden, und die Abzahlung für das Haus hatte monatlich vorzuliegen. Mit intensiver Härte zwang er sich, an manchen Tagen nicht aufzugeben, sondern immer fleißig weiter zu machen, obwohl er manchmal merkte, dass der Beruf nicht unbedingt die Erfüllung für ihn darstellte. Aber für einen Wechsel blieb keine Zeit, da ein Übergang finanziell leicht in eine Krise hätte führen können. So baute er ein Hilfsfeld auf, welches ihn in schlechten Tagen unterstützte und aus dem er durchaus Energie holen konnte, nachdem er es immer wieder gefüllt hatte. Als dann aber die Rente eingereicht war und es keine

Arbeit mehr gab, zu der der Mann sich zwingen musste, hatte das Energiefeld keine Funktion mehr. Aber es ließ sich nicht einfach abschalten, zudem dem Mann sein aufgebautes Feld nicht bewusst war. Es bedrängte ihn nun jeden Tag, und der Mann wusste nicht, wie er mit dieser Energie, die sich stark potenzieren kann, zurecht kommen sollte. Er wurde immer unruhiger und nervöser. Ein solches Feld kann zu gesundheitlichen Problemen führen, je nachdem, wie man mit so einer Situation umgeht.

Im alten Ägypten wurden die Menschen deshalb mumifiziert, damit ihnen nach ihrem Glauben ein Weiterleben nach dem Tode gewährleistet wurde und es ihnen mit vielen Grabbeigaben an nichts mangeln sollte. Leider wurden durch die teils magischen Rituale, die in solch einer Zeremonie angewandt wurden, sowie durch den intensiven Glauben der jeweiligen Person an diesen Kult viele Seelenteile an den verstorbenen Leib gebunden, die nicht mehr weitergehen konnten. So hängen sie noch heute in den dunklen Gruften an ihren Gütern und ihren körperlichen Hüllen sowie an den Schalen mit den jeweiligen inneren Organen, die eine energetische Zusammengehörigkeit nochmals erschwerten. Sie warten auf die Erneuerung des Körpers, was allerdings nach den natürlichen Gesetzmäßigkeiten nicht stattfinden wird. Doch sie möchten den Ort auch nicht verlassen, da sie den alten Vorstellungen immer noch tiefen Glauben schenken.

Menschen mit solchen Bindungen zieht es mit intensiven Gefühlen an ähnliche Orte, da sie unbewusst wissen, dass sie in solch einem Energiefeld die verlorenen Seelenteile finden können. Vermutlich werden die Energien ständig in bestimmter Form das Leben beeinflussen. Da dieser Persönlichkeit nicht alle Energie, die sie eigentlich bräuchte, zur Verfügung steht, kann man manchmal eine dauernde Schwäche der Körperlichkeit feststellen, die behoben ist, sobald die gebundenen Seelenteile befreit sind. So ist auch hier der Einfluss, der sich zum Beispiel durch unnatürliche, übergroße Hinwendung zeigen kann, als sinnvoll zu betrachten, da durch diesen Umstand erkannt werden darf, dass die Seele in diesem Bereich nicht frei ist.

Ein weiteres umfassend wirksames Feld auf diesem Planeten sind die Angstzustände und die Todesfurcht der Menschen, die in der Zeit der Inquisition verfolgt und meist auch getötet worden sind. Es ist immer noch ein gewaltiges Feld; und dicht daneben drängen sich jene Formen, welche von den machtgierigen Menschen und den damaligen Kirchenvertretern geschürt wurden, um Angst und Schrecken zu verbreiten und energisch, mit großer hinterhältiger List und Bösartigkeit, ihr Ziel zu verwirklichen suchten. So spüren manche Menschen in ihrer heutigen Inkarnation zwar auch ihre in früheren Existenzen erlebten Ängste, aber zusätzlich auch das immer noch bestehende Feld, welches die wahre Erkenntnis und die Hinwendung zur höchsten Gottesliebe ohne Dogmen und Priesterkult verhindern möchte. Es wird auch heute noch geschürt und somit stets gespeist und aufrechterhalten. Könnte dieses Feld sich noch einmal auswirken, es würde die Menschen auch heute noch veranlassen, andere auf Grund ihrer Glaubensvorstellungen, die nicht den Machtvorstellungen seiner Erzeuger entsprechen, zu verfolgen und zu töten.

Viele Menschen werden mit dieser Angst im Nacken immer noch davon abgebracht, den tiefen Hinweisen aus ihrem Innersten zu folgen und den Pfad wahrer Gottesliebe zu gehen. Sie lehnen alles ab, was sich nur annähernd mystisch oder andersartig, als von diesem Feld gewünscht, anfühlt. Zum Glück aber werden die tiefen Wahrheiten immer mehr offenbar, und so mancher, der zuvor wild und entschlossen sich gegen die wahrhaftigen geistigen Gesetzmäßigkeiten gestellt hatte, ist nun ein großer »Mitstreiter« auf dem Weg zur Wahrheit.

Die Palette der beeinflussenden Energien ist äußerst umfangreich, und man kann nur einen Bruchteil davon benennen; jedoch wirkt für jeden Menschen stets nur der bestimmte Bereich, den er für seine Entwicklung und Loslösung benötigt. Sich zu sorgen, was es alles gibt, ist unnötig, da der Mensch immer die nötigen Hinweise bekommen wird, die er für eine Erkenntnis benötigt.

Ist man kurzzeitig verführt worden, so hat die Persönlichkeit in allen Feldern stets die Möglichkeit der Erkenntnis und des Loslassens. Man kann jede Situation zur Erkenntnis und zur Reifung der Seele heranziehen und wird dann beim nächsten Versuch der einwirkenden Kräfte sicherlich nicht mehr so leicht verführt werden können.

15. Energiedruck und Zwang

Sehr viel energetischer Druck wird von einem Menschen auf den anderen projiziert. So kann es sein, dass eine Frau gerade ihrer Bekannten erzählen will, wo sie dieses Jahr mit ihrer Familie den Urlaub verbrachte, als diese auch schon anfängt zu berichten, wo sie selbst gewesen ist und was sie schon alles gesehen hat. Sie möchte sich damit aufspielen, um gut dazustehen und ihr Gegenüber fühlen zu lassen, dass sie doch bedeutend kleiner dasteht, als sie selbst.

Die Meinung der eigenen Persönlichkeit wird als das Wichtigste erachtet und als unbedingt richtig. So wird geglaubt, dass sich alles ereignet, um gleich von diesen Menschen abgestempelt zu werden und das eigene, natürlich bessere Wesen und die eigene Meinung unterstrichen. Die Aura solcher Menschen ist dicht gefüllt mit Energiefeldern, und bei Berührung schwappen sie auf andere Menschen über. Es wird als Aufdrängung und manchmal sogar als energetischer Angriff erlebt, da diese Felder eindringen möchten, um darzustellen, wie wichtig und bedeutsam sie sind, um durch Anerkennung zu mehr Energie zu gelangen. Dass dieser Mensch sich in einer intensiven Umdrehung ausschließlich um sein Egofeld befindet, ist ihm nicht klar. Sehr einfach ist es für wirkende Felder, diesen Menschen zu manipulieren und in der gewünschten Richtung zu halten, da bereits im Vorfeld die Reaktionen des Egos abzuschätzen sind.

So kann eine junge Mutter einer anderen Frau erzählen, dass ihre Mutter in das Krankenhaus eingeliefert worden ist und es auf der Kippe steht, ob diese die nächsten Tage überleben wird oder nicht. Die erzählende junge Mutter fühlt starken Schmerz in sich und bedurfte eigentlich aufrichtiger Zuwendung, stattdessen wird ihr Unrat übergeladen und sie soll auch noch Energie abgeben, um ihrer Gesprächspartnerin Anerkennung zu zollen, was nichts anderes bedeutet, als ihr Energie zu geben. Der jungen Frau wäre es eigentlich ein Bedürfnis, ihre Gefühle zu äußern, damit es ihr ein wenig besser ginge; und sie möchte eigentlich auch mit dem, was sie erzählt, angenommen und akzeptiert werden. Das Gegenteil ist aber der Fall, denn die andere Frau lässt sie kaum den ersten Satz zu Ende erzählen, da fängt sie auch schon an, ihr aufzutischen, was sie alles schon erlebt habe und was die Nachbarin kürzlich mitgemacht habe – und da sei es viel schlimmer gewesen.

Ein solches Verhalten wirkt wie ein Keulenschlag. Nicht genug, dass die Betroffene nicht einmal ausreden konnte, jetzt bekommt sie auch noch das Leid der anderen aufgedrängt und soll sich wohl auch noch daran ergötzen. Sie selber fühlt sich jetzt ziemlich nutzlos, da sie es anscheinend nicht einmal wert ist, dass man ihr zuhört und ihre Gefühle ernst nimmt. Das Gegenüber allerdings fühlt sich immer besser. So wandert nutzbare Energie in das Energiefeld des Gegenübers, da durch energetisches »Niedermachen« stets der »Niedermacher« die Energie des anderen abzieht. Auf jeden Fall sind das Ego und die anhaftenden Energieeinheiten der Frau im Redeschwall wieder eine Weile befriedigt, bevor sich bei einem weiteren Menschen das gleiche Spiel wiederholt.

Das eigentliche Wesen selbst, im Inneren dieser Frau, ist so zugeschüttet, eingenebelt und somit ins Unbewusste versunken, dass die wahrhaftigen Vorgänge und das Leben voller Mitgefühl nicht annähernd empfunden werden können. Mit der Zeit wird sie von solchen Ausrichtungen immer mehr eingehüllt werden, und man kann beobachten, dass im Gespräch mit einem solchen Menschen dessen Stimme, sobald man selbst etwas sagen möchte, lauter wird, damit man ja nicht selbst zu Wort kommt. Die inkarnierte Persönlichkeit hält sich durch die wirkenden Teilbereiche für sehr wichtig, und das Feld, welches sich an solche Ausrichtungen hängt und ebenfalls energetisch von anderen Menschen profitiert, erstreckt sich über weite Teile des Planeten. Es setzt viel daran, die es »ernährenden« Menschen nicht zur Erkenntnis kommen zu lassen.

Vor allem über Emotionen finden die Kontrollübernahmen statt. Glaubt ein Mensch kritiklos, was er hört und wird er in seinen Emotionen bestärkt, unterstützt, aufgepeitscht, aufgehetzt oder wird ihm das Gefühl von Gemeinsamkeit und Stärke gegeben, haben die Energiefelder leichtes Spiel, und der Mensch befindet sich sehr schnell unter der Kontrolle dieser Einheiten.

Vor allem mit Lautstärke und Emotionen sowie aufhetzenden, immer wiederholten Parolen wird gearbeitet, um Menschen in ihrem persönlichen Gefühlshaushalt zu berühren und sie zu öffnen. Ehe sie es bemerken, hängen sie an den Energiefeldern von Wesen, von Firmenfeldern oder sonstigen Gedankengebilden.

Manchmal kann man in Kaufhäusern ein gezielt aufgebautes Feld des Kaufzwanges bemerken. Es sind Energiestrukturen, die ganz bewusst vom Management konstruiert wurden und während der Mitarbeiterschulung stetig unterstützt und verstärkt werden.

Geht man nun in solch einem Geschäft an das erste Regal, etwa im Kleidungsbereich, werden sofort die in einem bis zu einem Meter Abstand darüber hängenden Energieeinheiten aktiviert, die sich über dem Kunden bewegen und ihn zum

Kauf reizen sollen. Meist kommt dann zugleich eine Verkäuferin, die einem sagt, dass dies und das einem auf jeden Fall ganz besonders steht, obwohl es nicht der Wahrheit entspricht. Ist die Interessentin nun eine Frau, die immer in dem Sinne erzogen wurde, dass man es allen Menschen recht machen muss, hat die Verkäuferin leichtes Spiel und wird ihr etwas »andrehen« können. Wieder kann man in diesem Fall beobachten, dass die Kauffelder, bestehend aus Gedankenkraft und emotionalem Inhalt, sich meist schneckenartig oder spiralförmig um das Energiefeld der anvisierten Person bewegen. So ist diese Vorgehensweise auch hier durch den Ausdruck »Mir wurde etwas angedreht!« äußerst treffend wiedergegeben.

Diese Energieeinheiten werden nicht immer bewusst aufgebaut, aber sie entstehen grundsätzlich, wenn mit massivem emotionalen Aufwand und gedanklicher Ausrichtung gearbeitet wird. So konnte in einem Nobel-Restaurant beobachtet werden, dass beim Eintreffen fast aller Gäste sich die Energieformen sofort an die Aura der Personen drängten und ihnen immer wieder das Gefühl geben wollten: »Ihr müsst schon entsprechend viel und gut konsumieren, ansonsten seid ihr für dieses Haus nicht geeignet, seid schlecht und habt keine Ahnung von guter Küche.« Und wer will schon schlecht sein? Der unbewusst wirkende Zwang erreichte sehr viele Personen.

Ebenso wurde der ganze Raum von einer wabenartigen Energie erfüllt, die von solcher Arroganz und einem derartigen Hochmut geprägt war, dass es jeden anfälligen Gast ergriff und ihn ebenfalls in diese Stimmung versetzte. So zehren auch manche Gäste von dem Gefühl, dadurch etwas Besonderes zu sein, wenn sie dort verkehren und dem Feld dadurch dienen, dass sie sich genau so verhalten, wie es von diesem gewünscht wird. So werden Menschen in solchen Momenten aktiviert, sich sehr überheblich zu verhalten, und wenn sie das Lokal verlassen, fühlen sie sich nicht besonders gut und erkennen, dass sie sonst eigentlich nicht so sind und diesen Zug in sich unter Kontrolle haben.

Hier darf man sich bewusst machen, dass der Mensch vielleicht nie ganz frei ist von Teilbereichen, die von den Energiefeldern verführt werden können. Man kann sie erkennen, und wenn die Persönlichkeit bemerkt, dass etwas gewirkt hat oder sie sich während des Versuches der »Einflussnahme« dieser bewusst wird, kann sie sich durch diese Bewusstwerdung sofort davon lösen. Vielleicht fühlt man sich noch eine Weile wie »beschmutzt«, aber mit der nötigen liebevollen Zuwendung und der Erkenntnis, dass die anderen selbst für sich verantwortlich sind, kann man sich zügig davon freimachen.

Ein weiteres zwanghaftes und in seiner Sicht sehr düsteres Energiefeld ist der Bereich des »über andere Herziehens«. Wird dies ausgelebt, kann die Seelenentwicklung extrem gestört werden und die Verknüpfung an dichte, erdverhaftete Energiewaben wird immer stärker. Es verletzt die Mitmenschen energetisch bis weit in die Aura hinein, auch wenn es nicht ausgesprochen wird, sondern hinter vorgehaltener Hand geschieht. Die Anknüpfung und Verbindung zu diesem Erdfeld kann die Ursache sein, dass sich manche Seelen nach dem leiblichen Tod nicht weiter in höhere feinstoffliche Welten bewegen können, weil sie sich derart in Vorverurteilungen »verstrickt« haben, dass sie nicht losgelassen werden. Darüber sind die noch lieblosen Wesensfelder auf diesem Planeten natürlich sehr erfreut, da sie einen Energielieferanten haben und ihn weiter an das Rad der Wiedergeburt binden können.

Wird über andere Menschen dauerhaft gelästert oder findet eine scharfe Verurteilung eines anderen statt, berührt dies feinste Verbindungen zur Schöpferkraft, und der Verursacher teilt sich letztendlich wahrhaftig von der Urkraft ab. Er »urteilt« sich selbst ab. Was man den Mitmenschen oder Tieren (was man »dem Geringsten von uns«) antut, tut man sich stets selber an. Der Mensch ist mit allem und allen auf bestimmte Art und Weise stets verbunden.

Die Energien im feinstofflichen Bereich verhärten durch solches Vorgehen zusehends, und aus den geistigen Ebenen ankommende Impulse können nicht wahrgenommen werden. Es erfolgt ein sich über die Mitmenschen überheben, indem meist über deren scheinbares Entwicklungsniveau geurteilt wird. Es wird versucht, sich energetisch über das Energiefeld zu erheben und den Mitmenschen energetisch klein zu machen, wobei ihm dadurch Energie abgenommen wird. Diese wandert zu der Person, die dies bewerkstelligt und wird gleichzeitig, je nach Bindung, auch an große Energiewesenheiten des Planeten weitergegeben. Der Verursacher bekommt sogleich ein kurzes Gefühl der Befriedigung und die Empfindung, dass er etwas Besonderes ist. Immer mehr möchte dieses Energiefeld genährt werden, und es bemüht sich sehr, keinen seiner Ernährer loszulassen, sondern immer wieder eine Verurteilung zu provozieren.

Aber wer hat das Recht dazu? Wer weiß jemals, ob die Person, die etwas tut, was es scheinbar zu verurteilen gilt, nicht eine extrem starke Seele ist, die im Moment für das globale Feld aktiv ist und somit den Verurteiler selbst unterstützt. Auch wenn Menschen etwas ausleben, von dem man für sich scheinbar weiß »Das würde ich nie tun!«, ist dieser Mensch in keinem Fall schlechter als der, der diesen Bereich bereits überwunden hat. Keine Seele ist schlechter oder besser, weil sie das eine früher oder später erkannt hat als manche andere Seele. So kann es sein, dass der verurteilende Mensch vielleicht zwei Inkarnationen zuvor genau diese Situation selbst durchlebt hat, bis er sie erkennen konnte. Ist denn dieser Mensch besser, nur weil er ein bisschen früher den Prozess durchlebt hat? Vielleicht ist der Mensch, der gerade verurteilt wurde, in den anderen Tugenden deutlich reifer, als die momentan urteilende Person.

So wird der Mensch, der gerne beurteilt und verurteilt, immer bestrebt sein, Mitverurteiler und Mitbeurteiler zu finden. Zu zweit baut sich bereits ein deutlich stärkeres Feld auf, und verurteilt werdende Personen können deutlich schneller »niedergemacht« werden. Auch gibt das gemeinsam aufgebaute Feld den Verursachern ein intensiveres Gefühl der Stärke, welches vom artgleichen Erdfeld kräftig unterstützt wird. Jegliche Verurteilung berührt die Würde des Menschen, und es sollte immer angestrebt werden, sich von solchen Energiefeldern fern zu halten.

Dies soll natürlich nicht bedeuten, dass man sich nicht über andere Menschen unterhalten kann oder nicht erkennen soll, wenn sie Dinge tun, die man nicht gutheißen kann. Jedoch sollte die Persönlichkeit bestrebt sein, dies im Gefühl der Achtung des Mitmenschen zu tun. Ansonsten kann es sehr leicht geschehen, dass man mit den Energiefeldern, mit denen dieser im Moment zu tun hat, konfrontiert wird. Dadurch ist man an diesen Menschen gekoppelt und benötigt viel Kraft und Liebe, um wieder davon frei zu kommen.

So kann es auch sein, dass im Gespräch von zwei Freundinnen die eine intensiv versucht, eine Bekannte von beiden schlecht zu machen, weil sie glaubt, diese habe ein Auge auf ihren Mann geworfen. Nun soll alles an dieser Frau kritisiert werden, und die Freundin soll dabei helfen. Diese lässt sich aber nicht darauf ein, weil sie sich sicher ist, dass der Verdacht ihrer Freundin nicht begründet ist. Immer heftiger ergeht nun über sie eine Flut von Beschimpfungen bezüglich jener Frau, und listige Tricks werden angewandt, um im Gegenüber etwas zu finden, was die Freundin doch noch veranlassen könnte, in das Gezeter einzustimmen. Diese glaubt nun, ihr platze bald der Kopf, und sie bekommt keine Luft mehr, da die

Energien so stark ihre Ziele zu verwirklichen suchen, dass die Frau einer starken Belastung und einem hohen Energiedruck ausgesetzt ist. Man kann hier in der astralen Aura beobachten, wie sich die Energien wie schwabbelige, schlangenartige Gebilde um das Empfindungszentrum, das Herz-Chakra und das Solarplexus-Chakra, zu legen versuchen, um höhere Impulse in der anvisierten Person zu unterdrücken und doch noch zum Ziel zu gelangen. So versucht die Einfluss nehmen wollende Energie, in der Kopf-Aura die persönlichen Gedanken des Gegenübers zu unterdrücken und fremdmanipuliertes Gedankengut zum Ziel gelangen zu lassen.

Lässt sich die bedrängte Frau nun darauf ein, hat die zwanghafte Belagerung ihr Ziel erreicht, der Druck lässt augenblicklich nach und sie wird vermutlich ebenfalls mit einem kurzen Gefühl der Befriedigung abgespeist. Kommt sie allerdings danach ins Nachdenken, wird es ihr vermutlich sehr leidtun. Sie kann sich sodann gedanklich und emotional bei der kritisierten Frau entschuldigen, was ihr, wenn es aus wahrer Seele inspiriert wird, sofort Linderung und Energieausgleich bringt.

Ein weiterer, sehr oft anzutreffender Druck entsteht dann, wenn vom Gegenüber etwas verlangt und gefordert wird, was allerdings aus seiner jetzigen Sicht nicht bereit ist zu geben. So erlebt man solch einen gewaltigen Druck, wenn beispielsweise ein Ehemann bei den neuen Berufsbestrebungen seiner Frau unbedingt möchte, dass sie genau den Beruf ausüben soll, der ihm zusagt. Im Gefühlszentrum des Mannes wird ein wirbelartiges Energiefeld erzeugt, bestehend aus harten kurzwelligen Schwingungen, welches zwanghaft in die Energiefelder der Ehefrau eindringen möchte, um unbedingt das Ziel zu erreichen, die Ehefrau glauben zu lassen, dass der angestrebte Beruf, den der Ehemann gewählt hat, auch für sie das Richtige ist. Die Frau jedoch fühlt die Einmischung in das Gefüge ihrer persönlichen

Energiefelder und reagiert verständlicherweise abstoßend. Vielleicht hätte der Mann sogar die richtige Wahl getroffen, aber diesem unguten Zwang möchte sie sich nicht hingeben. Über ihrem Magen fühlt sie ein starkes Unwohlsein, und sie glaubt, die eindringende Energie weit wegschieben zu müssen. Sie fühlt sich immer bedrängter, je mehr Energie der Mann aufbietet und in die Aura der Ehefrau eindringen lässt. Vermutlich wird die Situation in ein ungutes Streitgespräch führen oder manchmal auch zu Trennungen, wenn die Einmischung dauerhaft zu stark wird. Meist sind solchen Einmischungen bereits sehr viele andere vorausgegangen.

So kann niemand für einen anderen Menschen bestimmen, was für diesen das Richtige ist. Selbst wenn sich eine Person ihres Gefühls sehr sicher ist, sollten dennoch Entscheidungen dem Gegenüber überlassen werden. Letztendlich weiß dessen höheres Selbst genau, was für ihn das Beste ist und ist bestrebt, dieses Wissen in das Tagesbewusstsein einfließen zu lassen. Sobald Druck ausgeübt wird, erntet man Gegendruck. Wenn nicht sogleich, dann zu einem späteren Zeitpunkt.

Sollte eine Person auf Grund des Drucks auf den persönlichen Willen eines Dritten eine Entscheidung für einen anderen Menschen durchgesetzt haben, so ist die Druck ausübende Person in bestimmter Weise auch dafür verantwortlich. Der druckausübende Mensch ist in Folge dazu verpflichtet, die anfallenden Störungen und Energieverarbeitungen mitzutragen, da er die Situation im Eigenwillen selbst geschaffen hat, anstatt sie dem Geschehen selbst zu überlassen und somit dem Schöpferwillen.

Man kann in jedem Fall die persönliche Meinung äußern, und dies mag auch sehr hilfreich sein, jedoch ohne die Schaffung von Emotionen, die sich als Druck und Zwang in die Aura eines anderen Menschen schieben.

Sind solche Ausrichtungen in Teilbereichen der menschlichen Seele anzutreffen, wird die Persönlichkeit immer auf Situationen gestoßen, in denen die im Umfeld befindenden Menschen auf sie selbst Druck ausüben wollen, so dass sie sich immer anstrengen muss, damit sie nicht von den fremden Willenseinheiten überrumpelt wird.

Auch Vorstellungen, die man sich selbst aufbaut, können einen Menschen in großen Zwang versetzen. Angenommen, eine junge Frau, deren Baby nun ein Jahr alt ist und bereits gut durchschläft, wurde eines morgens von einer Bekannten aufgezogen, dass sie ja überhaupt nichts mehr für sich selbst tun würde. Jetzt möchte sie am gleichen Abend unbedingt wieder einmal tanzen gehen. Sie besorgt einen Babysitter und freut sich bereits mächtig darauf, allerdings mit dem angestachelten Gefühl im Hinterkopf, dass ihr das in jedem Fall auch zusteht. Die vergangenen Monate waren sehr anstrengend, und sie glaubt nun, mit großer Entschiedenheit, genau an diesem Abend unbedingt aus dem Haus und in die Diskothek gehen zu müssen. Die Energie zeigt sich vor allem durch die Anstachelung der Bekannten.

Es ergeben sich nun im Laufe des Tages immer wieder Ereignisse, die die Frau in Bedrängnis bringen. Das Einkaufen klappt nicht, das Baby ist nervös, alles läuft irgendwie seltsam schief. Nun sagt auch noch der kurzfristig bestellte Babysitter wieder ab und die Frau weiß nicht, was sie davon halten soll. Wut keimt in ihr auf, da der eigenwillige Energieaufbau sich nicht ausleben kann.

Sie hat jetzt die Möglichkeit, zu erkennen, dass das Fortgehen an genau diesem Abend vielleicht deshalb nicht angesagt ist, da für das Baby eine Verarbeitungssituation ansteht und sie als Unterstützung zu Hause bleiben und das Ausgehen auf einen anderen Termin legen sollte. Auch können die Hinweise deshalb deutlich werden, da die bisherige liebevolle geistige Führung im Leben der jungen Mutter sehr harmonisch war und durch die erfolgte Anstachelung der Eigenwille nicht gefördert werden soll. Die Vorkommnisse sind nicht gegen den Menschen gerichtet, sondern wollen stets etwas aufzeigen. Wenn man innerhalb dieser Situation nicht mit dem eigenwilligen Zwang und Härte reagiert, dies oder das unbedingt haben oder tun zu wollen, entsteht kein Aggressionsfeld und kein Unmut über den Vorgang. Es kann klar erkannt werden, dass es vermutlich sinnvoll ist und seine Bedeutung hat, dass es genau an diesem Abend nicht klappen soll. Nimmt der Mensch die Hinweise liebevoll an, bleiben die Energieströme in der Aura weich und fließend. Versucht man dennoch, den Eigenwillen durchzudrücken, mag es vielleicht ein paar Mal klappen, jedoch schneidet man sich selbst von den Informationen und Erkenntnissen ab, die man im Feinstofflichen erhalten kann. Durch das Durchsetzen des Eigenwillens wird ein Härtefeld in der Aura geschaffen, welches der Mensch fortan mit sich herumtragen wird und das dem weichen Fluss des Energiefeldes hinderlich gegenübersteht. Trifft man auf andere Menschen mit ebensolchen Härteeinheiten in der Aura, werden diese zum einen sofort angeregt und ungute Gespräche und Energien sind die Folge, zum anderen versuchen somit Beeinflussungen durch ihr Zusammenwirken zum Zuge zu kommen.

Es existiert eine enorme Menge zwanghaft aufgebauter Energiestrukturen in unterschiedlicher Ausrichtung, die große Kraft entwickeln können. Nimmt der Mensch die erlebbaren Situationen für Erkenntniszwecke und ist er bereit, artgleiche Ausrichtungen, die sich in seiner Aura befinden, zuzulassen, anzunehmen und zu erkennen, hat er die besten Möglichkeiten, in steter Arbeit mit diesen Bereichen eine neue Zielrichtung zu erlangen und die Teilbereiche mit Liebe und Kraft zu erfüllen.

16. Energetische Mauern

Eine energetische Mauer bedeutet ein aufgebautes Feld aus Emotionen und Gedankenkräften, welches sich gegen bestimmte Energien, Fremdeinflüsse oder eigene Teilbereiche der Seele richtet.

Wird z.B. ein Teilbereich der persönlichen Seelenstruktur nicht angenommen, wird es durch das aufgebaute Energiefeld der Ablehnung in die äußeren Aura-Schichten gedrängt und das Innere wie durch eine Mauer davon abgeschirmt. Da es allerdings das Programm jedes Teilbereiches ist, sich zu zeigen, zumal dafür auch die Notwendigkeit besteht, um zu verarbeiten, wird dieser Teilbereich immer versuchen, zum Inneren der Person vorzudringen. Gleichzeitig benötigt der Mensch selbst wiederum sehr viel Energie, um die energetische »Schutzmauer« noch stabiler zu halten und diese stetig mit neuer Kraft zu versorgen.

Angenommen, eine Seele hat es sich in diesem Leben zur Aufgabe gemacht, einen bestimmten Teilbereich in die Inkarnation mitzunehmen, der noch die Prägung enthält, sich persönlichen Besitz dadurch anzueignen, dass man ihn den anderen wegnimmt, ohne dafür etwas zu geben. Dieser Teilbereich wird sich also, wenn er ausgelebt werden würde, zu einem diebischen Verhalten entwickeln. Nun hat zwar die inkarnierte Persönlichkeit erkannt und durch ihre Erziehung erfahren, dass es nicht in Ordnung ist zu stehlen, verspürt allerdings immer wieder einen intensiven Drang in sich, dies zu tun. Entsetzt wird dies registriert und energisch zurückgewiesen. Mit starker Kraft wird dieser Impuls verdrängt, welches durchaus wörtlich zu nehmen ist, da der Bereich in die äußere astrale Schicht der Aura abgedrängt wird. Sobald auch nur der kleinste Funke diesbezüglich gefühlt wird, reagiert sofort der Aufbau von Ablehnung und zumeist ein starkes Gefühl der Eigenverurteilung, welches den Teil noch zusätzlich von der Energie der Gesamtperson trennt und abteilt. In der Aura sieht man eine sich entwickelnde Energiemauer, die sich so vor diesen Teilbereich schieben möchte, damit er keinen Einlass mehr finden kann.

Dieser Bereich soll aber verarbeitet werden, und seinem Programm zufolge intensiviert auch er seine Bemühungen. So benötigt diese inkarnierte Persönlichkeit dauerhaft Energie, letztendlich dafür, um gegen das Verarbeitungsziel seiner eigenen Seele vorzugehen.

Im unglücklichen Fall erfolgen in dieser Inkarnation keine Annahme und Verarbeitung dieses Bereiches, und der unerlöste Teilbereich muss nach dem Erdenleben wieder in die jenseitigen Ebenen mitgenommen werden. Mit Bedauern wird dann erkannt, dass dieser Bereich die notwendige Zuwendung und Transformation nicht erfahren hat, da die inkarnierte Persönlichkeit von sich glaubte, so etwas nicht annehmen zu wollen und sich heftig dagegen zur Wehr setzte. Die aufgebaute Energiemauer muss ebenfalls abgetragen werden.

Manchmal muss eine Seele nochmals inkarnieren, um solche Einheiten zur Erkenntnis zu führen und zu lernen, dass zur Demut auch die Annahme unangenehmer Teilbereiche gehört.

Auch wenn die energetischen Vorgänge und geistigen Hintergründe vielen Menschen nicht bewusst sind, so befinden sie sich doch in einem ständigen Prozess der Verarbeitung und in dem Bemühen, mit den feinstofflichen Helfern Altlasten abzubauen und eine neue Ausrichtung auf den Schöpferstrom einzuleiten. So kann es sein, dass nach einer äußerst unangenehmen Lebenssituation, die mit sehr viel Schmerz einhergegangen ist, nun befreite eigene Seelenenergien aus fremden Einheiten zurückkehren, um aufgenommen und der Seele angepasst werden zu können.

Nun erlebt diese Person, die noch ausgelaugt ist von der überstandenen Situation, eine plötzliche Annäherung von ihr sehr ungut erscheinenden Gefühlen und Gedanken. Schockartig wendet sie sich davon ab und drückt mit einer Mauer aus aufgebauten Abwehrgefühlen gegen diese Bereiche. Sie glaubt, dass es nicht gerecht sein kann, nun auch noch solche unangenehme Gefühle und Energien annehmen zu müssen. Der Betreffende ist überzeugt, schon genug durchgemacht und gelitten zu haben. Diese abgedrängten eigenen Seelenpartikel haben vermutlich schon eine sehr lange Zeit in den fremden Energiefeldern verbracht und sind entsprechend aufgeladen. Gerne möchten sie zu der ihnen in ihrer Grundform anvertrauten Seele zurück, aber sie werden nicht angenommen, weil sie einfach noch zu viele unangenehme Gefühle und das ganze Leid der letzten Zeit mitbringen. Es entsteht großer Schmerz innerhalb dieser Teilbereiche, und diese haben doch gerade sehr viel Leid hinter sich.

Hier ist es ganz wichtig zu wissen, dass diese Emotionen nur verarbeitet werden können, wenn die Seeleneinheiten wieder angenommen werden. Geschieht dies, wird im ersten Moment die Aura vielleicht völlig eingedunkelt werden und die Emotionen und Erlebnisgebilde dringen in die Gefühlswelt der sie annehmenden Person ein. Dies kann ein gefühlsmäßig wahrlich unangenehmes Ereignis sein, aber die Liebe und die Bereitschaft hierzu lassen es schnell vorübergehen und helfen, die Energien zu verarbeiten. Innerhalb der Aura sieht man die Energieströme hauptsächlich über das Solarplexus-Chakra eindringen, ehe sie dann über das Herz-Chakra einer

Verarbeitung zugeführt werden, die von der Christus-Energie vollzogen wird. So sollte der Mensch nicht annehmen, dass er selbst es ist, der in der Lage wäre, solche Energien zu verarbeiten. Es ist stets die höhere Christus-Kraft, die zwar in allen Wesen vorhanden ist und von der der Mensch einen Teil darstellt, aber es ist nicht die inkarnierte Persönlichkeit einer Seele als solche, die diese hohe Kraft bewirkt. Manchmal dauern solche Vorgänge der Annahme einige Tage, in denen sich der Mensch wahrlich nicht sehr gut fühlt, aber die Geschehnisse auf diesem Planeten dienen einem weitaus höheren Zweck, als dem, sich als Mensch immer nur gut fühlen zu wollen. Es ist weitaus wichtiger, den Aufgaben der Seele zu folgen, als das Bestreben, sich stets in Harmonie und guten Gefühlen zu befinden. Das ist auf diesem Planeten nicht möglich, da die Erde ein Arbeitsplanet ist und die Erkenntnismöglichkeiten enorm ausgeprägt sind. So wäre es schade und vertane Zeit, wenn gegen die Verarbeitungen vorgegangen würde, weil angenommen wird, der Himmel »solle auf diese Welt kommen«.

Sträubt sich eine Persönlichkeit dauerhaft gegen die Annahme dieser Bereiche, weil sie ihr einfach zu unangenehm sind oder weil sie glaubt, sie verdiene nur eitel Sonnenschein, bauen sich in diesem Menschen sehr starke Felder von Ablehnung und Verurteilung auf, die sich als energetische Mauern in seiner Aura zeigen. Viele zwanghafte Emotionen entstehen, und ein dauerhafter Druck muss bezüglich der Abwehr aufgebaut und gehalten werden. Das sieht die übergeordnete Seele natürlich gar nicht gerne, und sie wird versuchen, die Persönlichkeit in das notwendige Bewusstsein zu rücken, sei es auch durch eine erneute starke, sehr schmerzhafte Erfahrung, die die Demut stärkt und den Eigenwillen zum Loslassen bewegt, damit das geschehen kann, was geschehen soll.

Denn nur dann wird das eintreten, was sich die Persönlichkeit doch wünscht – mehr Frieden im Herzen! Dies geschieht natürlich, wenn sie im Einklang mit der vorgenommenen Arbeit ihrer Seele schwingt und sich somit in Harmonie mit dem Schöpferstrom befindet.

Nicht außer Acht lassen darf man in dieser Betrachtung die Energieaufbauten, die von Fremdwesen und Energien erzeugt werden, um die Wahrnehmung des betroffenen Menschen zu trüben. Hier soll die Wahrnehmung der Manipulation verhindert werden, um die Wirkungen der Einflüsterungen von den fremden Einheiten und ihren Wirkungskreisen nicht zu unterbrechen. Oft wird hierzu sehr viel Energie aufgewendet und die belastete Person wird umgarnt und eingenebelt, um nicht zur Erkenntnis zu gelangen und eine veränderte Einstellung zu erreichen. Dies geschieht jedoch nicht grundlos, und die betroffene Person hat trotzdem immer noch die Möglichkeit zur Erkenntnis der eigenen Einstellung und erhält so die Chance der Umwandlung alles Negativen. Bei der Bewusstwerdung und Ausrichtung müssen die manipulierenden Einheiten loslassen und können nicht mehr weiter ihren Zielen nachstreben.

Eine sehr starke energetische Mauer kann man mitunter auch bei sehr weit entwickelten Seelen sehen, die in ihrer Entwicklung schon fortgeschritten sind. So kann es sein, dass eine lichtvolle Seele in den geistigen Ebenen das Leben auf der Erde zwar mit Sicherheit als schwierig und aufwändig empfand und sich auch bewusst war, es nur mit tiefer Liebe harmonisch bewältigen zu können, doch sie täuschte sich darin, die wahren Schwingungszustände in dieser Ebene in ihrer vollen Härte vorauszusehen. So glaubt sie »drüben«, das schaffe sie bestimmt und die Unterstützung vieler Lichtwesen und ihrer Seele sei ihr gewiss. Jedoch beim Teil-Eintritt in den Körper, also während der Geburt, erleidet die Seele eine

Art Schock auf Grund der dichten Schwingung und der Lieblosigkeit. Auch ist die bewusste Verbindung in die geistigen Ebenen und zu den feinstofflichen Helfern nicht mehr klar erkennbar und die Erkenntnis der geistigen Wahrheiten erweist sich als sehr schwer.

So kann es sein, dass die einfließende, nun scheinbar getrennte Seelensubstanz sogar einen plötzlichen Tod des Körpers initiieren möchte, um dieser Energie nicht ausgesetzt zu sein. Dies wird aber von der geistigen Führung nicht zugelassen. Es ist keine Frage, dass sich das inkarnierte Wesen nicht besonders wohl fühlt. Bleibt die Seele bei ihrer ablehnenden Einstellung, ohne die Möglichkeiten zur Erkenntnis zu nutzen, kann eine solche Wesenheit sich zu einem misslaunigen und ablehnenden Menschen entwickeln. Alles wird nur negativ betrachtet, alles wird negativ untermauert und als schlecht betrachtet. Die Energie der Ablehnung und der Aufbau von Abwehrmauern ist vorprogrammiert. In der Aura sieht man eine Unmenge missgestimmter Gedanken- und Gefühlsformen und das Randgefüge der Aura ist meist mit einer Abwehrenergie gegen das Leben selbst geladen, unterwandert mit dem Gefühl des Alleingelassenseins und tiefer Sehnsucht nach dem »Zuhause«. Wie eine Abwehrmauer, die die gesamte Aura umspannt, sieht das Energiegebilde aus.

Selbstverständlich versuchen die Helfer und die Gesamtseele immer, die inkarnierten Seelenbereiche zu unterstützen und ihnen das Gefühl der Liebe zu geben, jedoch können solche Blockaden die Zugänge in die lichtvollen Ebenen stark unterbrechen, da sich Wut und zornige Ablehnung als dunkle Mauern präsentieren und irgendwann selbst die Herrschaft übernehmen möchten. So kann eine lichtvolle Seele auf den sehenden Betrachter wie eine Seele umhüllt mit Dunkelheit wirken, und nur tiefe Liebe und Annahme kann eine Erweichung und Lösung dieser Blockaden bewirken.

Jegliche aufgebaute Gedankenstruktur wirkt auf den Menschen hart und lieblos und man würde sich am liebsten weit davon entfernt aufhalten. Doch benötigen gerade Seelen mit viel aufgebauter Energie die Liebe am notwendigsten. Ihr empfundenes Leid kann sehr groß und intensiv sein, und wenn sie ihre aufgebaute Mauer einreißen könnten, würde wieder sehr viel Licht und geistige Kraft fließen.

17. Verdrängungsmechanismen

Im Grunde ist die aufgebaute Energie einer Verdrängung ähnlich wie die Strukturen einer energetischen Mauer. Jedoch schwingen die Verdrängungsenergien gerne spiralförmig und winden sich vor dem entsprechenden Kontakt mit der ankommenden Energie. Die Energiebewegungen fließen in Wellen, und die aufgebauten Ansammlungen drängen in einer heftigen Bewegung die Energiestrukturen zur Seite. Hier erlebt man in der Grundsubstanz einer Verdrängung mehr die Angst als die rein eigenwillige Energie des: »Damit will ich nichts zu tun haben!«

Nimmt man als Beispiel eine Frau, die unter starken Zwängen leidet und noch nicht den Mut aufgebracht hat, sich diesen zu stellen. Diese Frau hat sehr früh geheiratet und Kinder bekommen. Es galt, ein großes Haus zu versorgen, der Mann kam nach wie vor jeden Mittag zum Essen nach Hause und die Versorgung der drei Kinder und des Gartens musste auch bewältigt werden. Stets hatte sie nur gehört, man müsse immer da sein, alles sauber halten, die Fenster geputzt haben, vor dem Essen Suppe servieren, die Betten jede Woche beziehen, täglich den Boden in Küche und Flur wischen und im Garten ein großes Gemüsebeet anpflanzen, da man sonst keine gute Hausfrau sei. Niemals jedoch war einem der Hausbewohner der Gedanke gekommen, dass die Mutter selbst einmal etwas für sich tun sollte, anstatt immer dafür zu sorgen, dass dem Vater für seine Hobbys stets alles vorbereitet wird, die Kinder zu deren Training gefahren, der Hund gebürstet und das Gemüse gegossen würde. Jeder warf seine Wäsche einfach hin, und nach dem Essen wurden nicht einmal die Teller in die Küche gestellt.

In der Frau hatte sich mit der Zeit ein extrem ausgeprägtes Gefühlsfeld von Unterdrückung aufgebaut, welches sich gegen ihre Lebensumstände sträubte. Um die Situation zu verändern, müsste sich die Frau gegen die Vorstellungen ihres Mannes, ihrer Kinder und gegen ihre erziehungsmäßig aufgebauten Muster samt jene ihrer Mutter stellen, was selbstverständlich mit einem gewaltigen Kraftakt verbunden gewesen wäre, da sich die Energiemuster fest eingefahren hatten. Dies erschien ihr zu aufwändig, zumal unangenehme Emotionen bei ihrer Familie hervorgerufen werden könnten, da sie in diesem Moment nicht mehr den Bequemlichkeiten der Familienmitglieder dienen würde. Ebenso mochte sie sich nicht vor den Leuten als scheinbar schlechte Mutter oder Hausfrau hinstellen lassen, wenn sie dies oder das einfach anders und freier gestaltete und auch sich selbst einmal etwas gönnte, ohne gleich zu hetzen, wenn sich ihr jemand näherte, und sich sogleich in noch mehr Arbeit zu stürzen. Die gewohnten Prägungen ihrer Familie taten ein Übriges, um hier keine Veränderung eintreten zu lassen.

Würde sie mit der Veränderung beginnen, die auch ihre persönlichen Bedürfnisse einbezog und die eine Loslösung von alten Mustern der Welt bedeuten würde, hätte sie mit einem sehr großen Energieaufwand umzugehen. Sie empfände sich vielleicht in Teilbereichen nicht mehr gebraucht und geliebt, weil sie nicht mehr »gehorchte«. So verdrängte sie ihr Bedürfnis nach persönlicher Freiheit und auch etwas Ruhe für ihre Regeneration und blieb in ihrem gewohnten Trott.

Das ließ sich das innere Bedürfnis allerdings nicht auf Dauer gefallen und die Energie, die eigentlich dafür aufgewendet werden sollte, ihr Umfeld einmal umzustülpen, sich zu lösen und für sich zu sorgen, wurde nun auf das Zellgefüge ihres

Körpers übertragen. Nun lebten die Zellen den Ausbruch aus ihrem Tagesablauf und gingen radikal gegen das Umfeld vor. Nicht selten sind die Krebsgeschwüre und Metastasen von Frauen, die es immer allen recht machen möchten, nur sich selber nicht, ein Resultat aus diesem Konflikt. Die abgedrängten Emotionen und mit der Zeit auch massiven inneren Aggressionen werden von den Zellen ausgelebt. Die Frau steht letztendlich nicht zu sich selbst und zu ihren Bedürfnissen, sondern lebt für Zwänge und Vorstellungen im Äußeren. So helfen die körperlichen Zellen mit, diese Energie abzutragen und leben sie in ihrem Umfeld aus. Hier erlebt man, wie wichtig es ist, den inneren Inspirationen zu folgen und auch dem Bedürfnis nach Freiheit und Ruhe. Die Schöpferkraft möchte durch jeden Menschen fließen und ihn inspirieren, kann sie dies nicht, entstehen automatisch Blockaden, die abgebaut werden müssen. Da die Frau nun keinen Ausweg mehr sah und sich nicht in der Lage fühlte, die Situation zu verändern, würde ihr Wesen vielleicht den körperlichen Tod vorziehen, um so nicht weitermachen zu müssen. Die Verhärtungen und Verspannungen der eigenen Person waren für das innere Wesen unerträglich geworden.

Einen ganz anderen Verdrängungsmechanismus kann man feststellen, wenn Menschen ihre höheren Wahrnehmungen verdrängen.

Am Beispiel einer Frau, die begann, immer mehr die Energien in ihrem Umfeld wahrzunehmen und zu bemerken, kann man dies sehr gut erkennen. Sie konnte zwei Minuten bevor ein Reh die Straße überqueren wollte, dieses in einer kurzen Vision sehen. Sie wusste ganz genau, dass die neue Anstellung für ihre Freundin nicht das Richtige war, kurz bevor es sich für die Freundin unangenehmst aufzeigte. Sie spürte zuweilen geistige Wesenheiten, aber verdrängte es schlagartig.

In einer früheren Inkarnation war diese Frau eine Kräuterfrau und kannte sich mit den spirituellen Dingen sehr gut aus. Sie lebte in der Zeit der Inquisition und wurde von den herrschenden Machthabern auch tatsächlich an den Pranger gestellt und dann verbrannt. Dies stellte ein großes Leid für sie dar, und das daraus entstandene Feld der Angst und das ständige Bangen aus dieser Zeit, nicht gefangen zu werden, war immer noch so stark in ihr, dass sie jegliche Annäherung an Kräfte und Wahrnehmungen der spirituellen Art extrem ablehnte und damit nichts mehr zu tun haben wollte. Sie fühlte das große Feld, das sich in ihre Aura schieben wollte, und sie fühlte das Grauen und die Panik. Sie hatte Angst vor der Angst, die sich in diesem Moment fühlbar auf ihr Solarplexus-Chakra zu legen versuchte, um angenommen, gefühlt und verarbeitet zu werden. Dazu war sie aber nicht bereit und alles, was nur annähernd über dieses Thema gesprochen wurde, stieß auf äußerste Ablehnung und wurde als null und nichtig erklärt, obwohl sehr starke Fähigkeiten in ihr schlummerten. Da diese Kräfte allerdings zur Auswirkung drängten, wurden ihr immer wieder Situationen gegeben, hier eine Versöhnung herbeizuführen und die Angst und auch den alten Hass auf die Obrigkeit abzulegen. Es lag an ihr, wie sie damit umgehen wollte.

Es ist sehr wichtig, dass man die anstehenden Energien und Gefühle annimmt, da sie zur rechten Zeit über die Einschwingung in die Aura das Leben berühren, um angenommen und aufgearbeitet zu werden. So können in Harmonie mit der geistigen Führung immer mehr die Aura-Schichten und Randablagerungen verarbeitet werden, und die Aura wird immer klarer und freier. Es ergibt sich dadurch die Möglichkeit, deutlicher und klarer in der persönlichen Wahrnehmung zu werden. Auch von außen ankommende geistige Informationen werden klar wahrgenommen, ohne durch jene Energien zu wandern, die sie vielleicht verändern oder die persönlichen Belange hineinmischen.

18. Das Gesetz der Resonanz

Man kann die Gesetzmäßigkeit der Resonanz in einer gewissen Weise mit dem Wirkungsprinzip des Radios vergleichen. Je nachdem auf welche Frequenz der Sender eingestellt ist, können sich die ankommenden Wellen einschwingen. Das Gesetz der Resonanz versetzt die Energiefelder des Menschen, welche sich in der Aura zeigen, in Schwingung, wenn sie mit gleich gearteten Energien eines anderen Wesens in Berührung kommen.

Genauso findet der Austausch von Energien im Kontakt mit anderen Menschen statt. Stets tauschen sich wesensgleiche Energien aus. So kann bei der Aura-Berührung mit einem Menschen, der sich in einer extremen Hass-Situation befindet, in der Aura des Gegenübers kein Ansatzpunkt gefunden werden, wenn sich nicht auch ein Hassgebilde darin befindet. Hass schwingt in einer engen, dichten, grob ausschlagenden Welle und ist in seiner Substanz hart und schwer. Die Farbe ist schwarz und meist mit vielen Beimischungen von braun, braun-rot, grau oder dunkelgrün. Befindet sich ein Mensch im Zustand des Ausgeglichenseins und schwingt ruhig und in Harmonie, finden diese kurzen, hohen Wellen keinen Anknüpfungspunkt. Sie dringen durch die aurischen Felder hindurch, ohne irgendwo in Berührung zu treten. Der Mensch ist in diesem Moment nicht antastbar.

Trifft man auf einen Menschen, der ein Gedanken- und Gefühlsfeld aufgebaut hat, das darauf ausgerichtet ist, dem Gegenüber stets die eigene Meinung aufzudrücken und diese als bedeutend wertvoller zu erachten, als die Inspirationen des

Gegenübers, wird in den meisten Fällen dieser Druck und die Forderung sehr schnell gefühlt werden. Es ist eine äußerst unangenehme Wahrnehmung, wenn ein solches Feld in der es berührenden Aura etwas Gleichgestaltetes findet und somit über einen Ankerplatz verfügt. Es wird sich vermutlich ein Streitgespräch entwickeln, da die berührte Person nun ebenfalls versucht, ihre Meinung dem Gegenüber aufzudrücken, ohne ein Gefühl von Toleranz oder Respekt vor der Persönlichkeit des anderen. So haben sich zwei Felder berührt, die sogleich in Aktivität geraten und ihr Programm verwirklichen möchten.

Das Gesetz der Resonanz gibt dem Menschen die einzigartige Möglichkeit an die Hand, versteckte Ausrichtungen seines Wesens aufzuspüren. Wenn man genau auf das achtet, was sich im Inneren abspielt, kann man sehr konkret erkennen, was es noch auszurichten gilt, um in der Charakterbildung weiterzuschreiten. So können auch Altlasten aus früheren Inkarnationen an die Oberfläche gelangen und ihr Programm entfalten.

Man sollte sich keine Gedanken machen, wenn sich bestimmte Bereiche nach ihrer Aktivierung und der damit einhergehenden Erkenntnismöglichkeit zuerst einmal ausleben, um deutlich zu werden. Die Bereitschaft der Annahme ist der erste und wichtigste Schritt, dann folgt die Erkenntnis. Nach der Erkenntnis ist es nicht immer gleich möglich, das Programm sofort zu verändern, sondern manchmal wird es noch eine Weile ausgelebt. Der Vorgang wird dann erst nach dessen Abschluss erkannt. Im weiteren Verlauf erhält man die Möglichkeit, bestimmte Muster, wie etwa zwanghafte Handlungen, während ihres Ablaufes zu registrieren. Nach einer gewissen Zeit ist es möglich, die Situation bereits vor dem Ausleben zu erkennen. Dies spielt sich dann im gedanklichen und emotionalen Bereich ab, bis auch hier die Teilbereiche und wirkenden Muster mitsamt ihrem aufgebauten Energiefeld abgetragen worden sind und dann vollständig auf die Liebe ausgerichtet werden können.

Stellen Sie sich vor, ein Mensch steht vor einem Buffet und betrachtet in diesem Moment das reichhaltige Angebot. Er freut sich an der Vielfalt und nähert sich ruhig und entspannt den Platten. Er bemerkt neben sich einen anderen Mann, der in gleichem Erstaunen und mit Freude das Buffet betrachtet. »Dem gefällt die Vielfalt auch«, denkt sich der Mann, der zuerst am Buffet gestanden hat, da die Resonanz des gleich gearteten Gefühles in ihm erkannt wird.

Doch plötzlich wird er von einem unguten Gefühl berührt. Kalt und hektisch dringt es in seine Aura ein, da es in ihm bereits ein verborgenes altes Muster entdeckt hat. So fühlt dieser Mann in der gleichen Sekunde, dass er jetzt schnell machen und sich viel aufladen muss, damit er auch ja noch etwas bekommt und der andere ihm nicht alles wegnimmt. Über die plötzliche Veränderung ist er sehr erstaunt, da ihm sein Gefühl durchaus bewusst wird. Er beobachtet den dritten Mann, der das Buffet erreicht hat, und weiß nun, warum. Dieser Mann schaufelt schnell und gierig eine Unmenge der ihm lecker erscheinenden Zubereitungen auf seinen Teller und verströmt eine plötzliche Hektik und Unruhe, die aus Gier und auch Machtstrukturen besteht. Das Energiefeld um diesen Mann ist sehr stark. Der persönliche Profit, auch auf Kosten von anderen, möglichst ohne Eigeneinsatz, ist sein Motto.

Da die nun aktivierte Ausrichtung des Mannes, der als Erster an das Buffet getreten war, nicht mehr sehr groß und von hellen Energien seiner starken Seele bereits intensiv umgeben war, benötigte die Berührung seines kleinen unausgerichteten Teilbereiches eine größere und stärkere Menge der gierigen

Energie, da sie ansonsten nicht mehr zu diesem Bereich durchgedrungen wäre und jenem nun die Möglichkeit geben konnte, seinen Teil zu erkennen und auszurichten. Dies ist eine wichtige Erkenntnis. Je weiter ein Mensch in seiner liebevollen Ausrichtung gelangt ist, umso intensivere »Energiebomben« werden benötigt, um bestimmte Bereiche mittels Resonanz aus der Aura herausheben zu können.

Auch die Aura des Planeten Erde hat sich in drastischer Art und Weise verdunkelt. Über manchen Kontinenten zeigen sich intensive Anhäufungen dunkler Energien, die nur an manchen Stellen von helleren Streifen durchzogen werden. Über manchen Ländern kann man, neben vielen anderen Feldern, die Farbe Gelb intensiver wahrnehmen, wodurch davon ausgegangen werden kann, dass der Intellekt hier stark gefordert wird. Manchmal ragt die Ausstrahlung der Aura zerklüftet, dunkelfarbig und ungeordnet über die Erdoberfläche hinaus, was zeigt, dass das Bewusstsein der dort lebenden Menschen noch nicht sehr weit ausgereift ist und sie sich in ihrem Erkenntnisstadium noch in intensiver Entwicklung befinden.

Über den Städten lässt sich sehr viel energetische Verwirrung erkennen, die jedoch in ihren einzelnen Einheiten durchaus straff und intensiv wirken kann, da diese von starkem Eigenwillen durchdrungen sind. Jedoch werden immer stärker auch sich verbindende Lichtströme wahrgenommen, die an der globalen Durchlichtung mitwirken und ihr Umfeld unterstützen. Dies ist ein wunderschönes Strahlen, und die Nähe zur vollkommenen Liebe kann gefühlt werden.

Auf Grund der dunkleren Schwingungsfrequenzen ist es manchen noch sehr lieblos schwingenden Seelen möglich, auf diesem Planeten zu inkarnieren, die in normalem Entwicklungszustand nicht die Erdebene erreichen könnten. So gesellen sich solche Seelen an die Felder ihrer Erzeuger und erreichen durch ihr Vorhandensein eine noch stärkere Verdunkelung der Erd-Aura. Sie haben kaum die Möglichkeit der Entwicklung, da ihr Sehnen und Streben nach der Göttlichkeit noch zu schwach ausgeprägt ist.

So werden auf Grund der Erd-Aura, die sich aus der Gedanken- und Gefühlsschwingung der dort anwesenden Seelen bildet, die Gegensätze von hell und dunkel sehr krass. Dies scheint zu verwirren, wird aber von den Wächtern der Schöpfung noch zugelassen. Vielleicht erwartet die Menschen eine globale Umwälzung und eine Schwingungserhöhung, mit der sich viele Seelen erheben können, vor allem dann, wenn sie zuvor besondere Möglichkeiten der Erkenntnis erhielten. Somit dienen die dunklen, noch lieblosen Bereiche für ein Erkennen, welches den Menschen tiefer nach der Liebe streben lässt und letztendlich der Entwicklung dient. Man mag sich fragen, warum dies alles zugelassen wird, aber wir dürfen uns sicher sein, dass alles einer höheren Ordnung untersteht und die Zeit genutzt werden kann für ein erweitertes Bewusstsein und eine stärkere Hinwendung zu einer liebevollen Ausrichtung.

Das Gesetz der Resonanz zeigt sich auch in folgendem Beispiel:
Ein elfjähriger Junge wechselt die Schule und wird von zwei seiner neuen Mitschülerinnen stets gehänselt, indem sie ihn fortwährend als Baby bezeichnen. Er ärgert sich jedes Mal maßlos darüber, und es artet sogar in leichte Handgreiflichkeiten gegen die Mädchen aus.

In dem Jungen wurde durch die Aussage ein Teilbereich berührt, der sich auch tatsächlich als klein betrachtete und kindlicher als die übrigen Bereiche wirkte. Die Mädchen wollten sich wichtig machen und durch das Hänseln des Jungen Energie erhalten, was ihnen zu Anfang auch gelang. So wurde auf geistiger Ebene durch den Kontakt der Auren die

Information an die Mädchen weitergegeben, dass der Junge in diesem Bereich einen Schwachpunkt, also eine Eindringungsmöglichkeit, in sich trug.

Lernt nun der Junge, konsequent mit der eindringenden Energie umzugehen, kann er die Forderungen der Mädchen bejahen, ihnen Recht geben und ihnen somit den Wind, d.h. die Energie, aus den Segeln nehmen. Er kämpft energetisch nicht dagegen an, sondern nimmt sie einfach auf. Er sagt zu ihnen: »Wenn ihr das so glaubt, dürft ihr das gerne, ihr habt bestimmt Recht damit.« So schafft er für die kampflustige Energie keinen Widerhaken, und sie strömt unverrichteter Dinge wieder aus ihm heraus zu den Mädchen zurück. Diese bekommen ihre eigenen Energien natürlich wieder ab und sind vermutlich wütend, da sich die Teilbereiche in ihnen das nicht gerne bieten lassen.

Versucht der Junge dann, aktiv mit der Ausrichtung seines Teilbereiches umzugehen und lässt die nötige Kraft dorthin fließen, kann er die Situation dafür nutzen, um eine weitere bislang unerkannte Einheit seines Wesens auszurichten. Mit Hilfe weitsichtiger Eltern ließen sich hier viele Konflikte lösen.

Es kommt sehr viel darauf an, wie weit man sich in Gesprächen mit Energien einlässt und auf sie reagiert. Viele Verknüpfungen geschehen, da zu wenig Informationen über die Umgangsmöglichkeiten mit Energien bekannt sind.

Die bewusste Wahrnehmung von feinstofflichen Gegebenheiten im Umfeld ermöglicht es mit der Zeit, die Empfindungen und Gedanken der Mitmenschen immer intensiver zu erkennen und auch im Ansatz zu erfühlen. Dies zeigt sich als deutlich abgegrenzteres Gefühl als die Emotionen, die hochgewirbelt werden, wenn wirkende Teilbereiche im Innern zur Verarbeitung und Erkenntnis berührt werden. Damit kann erkannt werden, dass es sich um keine äußere

Wahrnehmung, sondern um einen inneren Vorgang handelt, der noch bearbeitet werden sollte.

Im umgekehrten Fall, bei einem Kontakt mit einem zutiefst gläubigen Menschen, stellen sich ebenfalls die Resonanzgesetze ein. Dieser Mensch hat in sich viele Bereiche ausgerichtet, und seine Liebe zur wahren Göttlichkeit strömt als helles Kraftfeld mit weicher, ruhig fließender Schwingung in seiner Aura. So wird auch hier jedes vorhandene Schwingungsfeld im Gegenüber berührt, und die Mitmenschen werden von dieser Energie angeregt und inspiriert, um selbst mehr Kraft aufwenden zu können, um sich ihrer Läuterung zu widmen.

So sind suchende Menschen gerne mit Personen zusammen, die stark in der Schöpferliebe schwingen, da sie selbst vom Strom ihrer Liebe berührt werden. So kann kein Mensch letztendlich einem anderen etwas übermitteln oder gar übergeben, sondern im Gegenüber wird nun der Zugang zur persönlichen Schöpferkraft und den eigenen Seelenebenen angerührt und aktiviert. Wohl kann die Liebe, mit der manche Menschen umgeben sind, von den Mitseelen empfunden werden, aber die Tiefe der Liebe selbst kann nur in dem Maße gefühlt werden, wie sie auch im anderen Menschen vorhanden ist.

19. Frühere Inkarnationen in Resonanz mit der Umwelt

Einen sehr großen Bereich in der Aura eines Menschen nehmen die Verarbeitungssituationen aus früheren Inkarnationen ein. Manche Felder sind in der Aura wie dunkle Schatten zu sehen, die sich durch viele Ebenen erstrecken und die Lebenssituationen beeinflussen.

Man erlebt die Bestrebungen und auch Möglichkeiten der Entwicklung jedes Einzelnen als Individualität, jedoch wird dadurch immer auch dem gesamten Feld des Planeten zur Aufwärtsentwicklung gedient. So erkennt man, dass das globale Kollektiv sich in seinem Entwicklungsniveau verändert und das Bewusstsein sich immer mehr öffnet. Vielleicht gab es in den letzten Jahrhunderten kaum solch eine Chance, wie wir sie im Moment auf diesem Planeten erleben können. Es entsteht eine globale Bewusstseinsveränderung, und der Mensch erhält in starkem Maße die Möglichkeit, Altlasten abzutragen, zur Auflösung zu bringen und persönliche Teilbereiche zu transformieren.

Es erscheint, als wäre die Energie, die in der Jetztzeit zur Verfügung steht, den früheren Existenzen auf diesem Planeten noch nicht so nahe gewesen, wie man dies heute erleben kann. Die Lichtkräfte nehmen zu, auch wenn es in dem sich zeigenden Gewirr nicht so erscheint, und sie unterstützen aktiv diese Transformationsprozesse. So erlebt man, dass manche Menschen die Verarbeitungen aus vielen Verkörperungen genau in dieses Leben mitgebracht haben, um mit den jetzigen Möglichkeiten die Chance zu nutzen, aktiv an der Neuorientierung und Ausrichtung auf die vollkommene Liebe zu arbeiten.

Ebenso verhält es sich mit energetischen Bindungen, die an bestimmte Seelen gekoppelt sind oder an Wesen und Kraftfelder des Planeten.

Bereits vor der Inkarnation beschließen die Seelen, in welcher Form sich noch mit Unfrieden verbundene Teilbereiche der Seelen treffen werden und in welchem familiären oder arbeitsmäßigen Zusammenhang sie im Erdenleben stehen werden. Ebenso werden die Situationen vorbereitet, die den Menschen mit jenen Wesen und Kraftfeldern zusammen bringen. Meist wird der genaue Zeitpunkt bereits vor der Verkörperung festgelegt, und wenn die notwendige Bereitschaft vorhanden ist, werden die vorbestimmten Ereignisse auch eintreffen.

Leider wurde im 6. Jahrhundert das Wissen um die Reinkarnation aus dem Glaubensbekenntnis der christlichen Kirche entfernt, was den energetischen Zugang zur Verarbeitung im Bewusstsein der Menschen lange Zeit extrem blockierte. Es ist erfreulich zu erleben, dass immer mehr Menschen das Wissen um die früheren Inkarnationen bewusst wird. Sie lösen sich von den vorgefertigten Darstellungen und suchen nach einer tieferen Wahrheit.

Dieses Bewusstseinsfeld, das von immer mehr Erkenntnis erweitert wird, lässt es den Menschen leichter werden, die erst später zu dieser Wahrheit finden. Für die Menschen, die das Feld als Erstes zu durchbrechen suchten, war der Energieaufwand gewaltig und sie stießen auf energetischer Ebene auf starke Widerstände. Jenen Wesen, die sich von den Energien der Macht über die Menschen nähren, sind diese Bewusstwerdungsprozesse ein Dorn im Auge, und sie verursachen intensiv, die Annahme der Reinkarnationslehre bei den Menschen, auf die sie noch Einfluss haben, zu verhindern.

Jedoch trägt jede Persönlichkeit die Kraft zur Erkenntnis in sich. Sie vermag die Wahrheit zu finden, und bei innigem Streben danach kann nichts diesen Prozess aufhalten.

Dieses Geschehen ist eine sehr schöne Möglichkeit, um die Vergangenheit zu bewältigen. Das Bewusstsein, dass sich viele Situationen und Unannehmlichkeiten deshalb ereignen, weil Vorexistenzen damit in Zusammenhang stehen, lässt vieles in einem anderen Licht erscheinen. Man muss es nicht so persönlich nehmen und alles auf seine Person beziehen, sondern man kann im Vertrauen wissen, dass die erlebten Vorgänge und Empfindungen einfach ihre Richtigkeit haben und der Mensch in der Verantwortung seiner Seele gegenüber diese Bereiche verarbeiten kann. Der ständige Bezug auf das Ansehen der eigenen Person sollte generell unterlassen werden, da man sonst nicht mehr neutral, aus seiner Mitte heraus, mit den fließenden Kräften in den Situationen umgehen kann. Stattdessen werden persönliche Belange unnötigerweise untergemischt. Wendet man sich mit dem Bewusstsein stärker an die höheren Seelenkräfte und versucht, die Vorgänge neutraler zu betrachten, dann fällt es leichter, die Dinge zu erkennen und auch einmal streng mit eigenen Unvollkommenheiten oder Teilbereichen aus Vorexistenzen umzugehen.

Viele intensive Gefühle, die man sich nicht erklären kann, stammen aus Erlebnissen früherer Inkarnationen. Starke Sehnsüchte in bestimmte Länder oder an bestimmte Orte rühren meist davon. Dies muss nicht immer mit negativer Energie behaftet sein. Sehr oft werden die an manchen Urlaubsorten in früheren Leben durchlebten Ereignisse mit den feinstofflichen Wahrnehmungszentren erkannt und gefühlt, und diese versuchen, das Gefühl in das Tagesbewusstsein zu übermitteln. Wird es angenommen, kann es sehr schöne Energien erzeugen.

Jedoch ist der Mensch bedeutend öfter mit den unangenehmen Gefühlen aus Vorleben konfrontiert, da es notwendig ist und der Befreiung der Seele dient. Starke Ängste, Phobien und auch Allergien können aus Vorexistenzen mitgebracht werden.

Nimmt man als Beispiel an, ein Mann hat extreme Ängste, sich in engen und dunklen Räumen aufzuhalten. Es steigt in ihm eine enorme Panik hoch, die er sich nicht erklären kann, denn in seinem jetzigen Leben gab es noch keinen Grund, solch ein Gefühlsfeld aufzubauen. Grundsätzlich ist es wichtig, sich zuallererst bewusst zu machen, dass Gefühle ein sichtbares Feld in der Aura und somit in der Feinstofflichkeit bilden und dort reale Materie darstellen. Und da nichts geschieht, was nicht auch mit dem Menschen zu tun hat, ist es von Vorteil, dies anzunehmen und nicht dagegen vorzugehen.

So kann dieser Mann jene Gefühle unterdrücken oder ablehnen, indem er sich vormacht: »Ich kann solche Situationen nicht aushalten!« und indem er sie meidet, wo immer er kann. So wird natürlich ein energetisches Gegenfeld aufgebaut, welches es wiederum abzubauen gilt. Zum Glück versucht das höhere Selbst immer wieder, eine Situation zu schaffen, die den Betreffenden zwingt, sich mit diesen Gefühlen auseinander zu setzen, auch in dem Wissen, dass er sich vielleicht von Gott und der Welt verlassen fühlt, weil er schon wieder in solch eine unangenehme Situation geraten ist.

Dieses Emotionsfeld sitzt in der emotionalen, also astralen Aura und wurde in diesem Beispiel schon sehr nah an die vorderen Aura-Schichten vorgeschoben, um intensiv berührt werden zu können.

Dieser Mann war in einem seiner Vorleben ein Bergarbeiter und wurde in einem Bergwerk mit mehreren seiner Kumpel verschüttet. Sein Leben und das einiger seiner Mitkumpel wurde nicht sofort ausgelöscht, sondern sie hatten einige Tage bewusst miterlebt, dass sie verschüttet waren. In solchen Lebenssituationen entstehen gewaltige Angstfelder, fast unüberwindbare Panik und Todesangst. Die Todesangst ist vielleicht die stärkste erlebbare Angst, da der Körperlichkeit der Drang nach Leben eingepflanzt ist und bei drohender Lebensgefahr dieser Drang intensivst aktiviert wird.

So können wir uns für den damaligen Bergarbeiter vorstellen, dass die letzten Tage und Stunden seines Lebens emotional für ihn die Hölle waren und sich enorme Gefühlsansammlungen zusammengefügt haben. Hunger, Mitleid für seine Kumpel, vielleicht körperliche Schmerzen, hygienische Bereiche, Todesangst, all dies ist in diesem Feld vorhanden. Dass ihm die Berührung in diesem Leben mit diesen Emotionen das Gefühl gibt, dies nicht aushalten zu können, ist mehr als verständlich. So werden diese Bereiche bereits dadurch aktiviert, indem er eine ähnliche Situation im Fernsehen sieht. Die in der Aura sitzenden Felder bekommen diese Bilder mit und reagieren sofort. Meist sind diese Energien so stark, dass ihr Erleben unmittelbar mit intensiven körperlichen Symptomen einhergeht. Durch den Schweißausbruch werden bereits einige kleinste Bereiche, die wie millimetergroße Striche in der Aura aussehen, über die Haut hinausgeschwitzt, also im Schweiß materialisiert und verarbeitet.

Hier verhält es sich ähnlich wie mit den Tränen. Sie sind eine wunderbare Möglichkeit, starke Emotionen, die der Körper ansonsten nicht aushalten könnte, nach außen zu transportieren. Ohne diese segensreiche Möglichkeit der Natur würde es dem Menschen emotional beträchtlich schlechter gehen.

Man sollte dem Körper viel öfters dankbar sein für seine Unterstützung, da auch der Darmbereich sehr viele energetische Substanzen verarbeiten kann. Leider aber wird so oft auf ihn geschimpft: »Was ist denn das schon wieder für ein Problem? Warum tut dies und das schon wieder weh?«. Der Körper würde von sich aus sehr gerne gesund sein, und es ist bestimmt nicht sein Bestreben, den Menschen zu quälen. Er dient ihm mit seinen Hinweisen über Schmerz und ungute Gefühle und ist in seiner Wahrnehmung, wobei jede Zelle selbst ihr eigenes Bewusstsein besitzt, sehr dankbar, wenn er von der Persönlichkeit mit liebevoller Energie unterstützt wird. Zwar kann man dieses Bewusstsein nicht mit dem unseren vergleichen, jedoch stellen diese Zellen eine Lebenseinheit dar und haben es sich zur Aufgabe gemacht, dem Menschen zu dienen.

Ebenso hat dieser Mann einen Kollegen, bei dem er, wenn er ihn nur von weitem sieht, Herzrasen bekommt und extrem unangenehme Gefühle fast panikartig in ihm hochsteigen. Er kann ihn aus diesem Grund überhaupt nicht leiden und hält sich fern von ihm, so gut er nur kann.

Dieser Kollege war ein damaliger Kumpel von ihm, der mit ihm in dem verschütteten Bergwerksstollen bis zum leiblichen Tod ausgehalten hatte. Die Begegnung mit dieser Seelenschwingung des jetzigen Kollegen wird sofort von dem Angstfeld in der Aura des Mannes erkannt, und die unangenehmen Gefühle laufen in ihm ab. So ist es gar nicht der Kollege selbst, der ihm unangenehm ist, sondern es ist die Aktivierung seines eigenen Verarbeitungsfeldes. Sehr häufig aktivieren Menschen lediglich Erinnerungen und abgelagerte emotionale Felder und sind nicht in ihrem eigentlichen Wesen an der Schaffung der Gefühle mitbeteiligt.

Nun liegt es natürlich an dem Manne selbst, wie er damit umgeht. Kann er diese Angst, die real ist, aber trotzdem mit seinem jetzigen Leben nichts zu tun hat, annehmen und den Teilbereichen mitteilen, dass die Situation vorbei ist, wird es ihm bald besser gehen. Die erste Berührung ist am schwierigsten, da in diesem Augenblick die Energien am heftigsten auftreten, jedoch wird es danach immer leichter, da das Energiefeld abnimmt und langsam aber sicher in Harmonie und Ausrichtung kommt.

Sträubt sich der Mann weiterhin dagegen und verschließt sich vor allen Hinweisen seiner Seele, dann kann es sein, dass er das Problem nach seinem Leibestod wieder mitnehmen muss. Dann können die Gefühle nicht mehr durch den Verstand und die Verdrängungsmechanismen des Körpers abgedrängt werden, sondern stehen klar vor ihm. Dies ist eine Verlängerung von Leid, die nicht sein müsste und ihn vermutlich zu einer erneuten Inkarnation drängt.

Manchmal kann die Arbeit mit Erlebnissen aus früheren Inkarnationen den Eindruck erwecken, als gäbe es dauernd nur unangenehme und schlimme Vorkommnisse. So oft haben die Ereignisse mit Tod und Macht zu tun oder mit Schmerz und Hass und erscheinen grausam und lieblos. Aber man darf sich bewusst machen, dass gerade in der Jetztzeit viele bislang noch unverarbeitete Strukturen aus den feinstofflichen Ebenen mitgenommen und die Geschehnisse von vielen Vorexistenzen mit einer einzigen heutigen Inkarnation in die Liebe gebracht werden können. Betrachtet man die weltliche Geschichte, so sieht man, dass sie voll ist von Mord, Kriegsverbrechen, Inquisition, Menschenhandel, Missbrauch von Menschen, Duellen oder Kämpfen. Auch das zwischenmenschliche Zusammenleben hat sich erst in letzter Zeit, vor allem für Frauen, zu einem deutlich demokratischeren Umgang verändert. Das Lebensniveau ist gestiegen, und auch Hunger und Unterdrückung sind nur noch in abgemilderter Form vorhanden.

Erlebnisse, die sich aus der Liebe ereigneten, hinterlassen im Energiefeld einer Seele keine Störungen. Hier erreichen uns lichtvolle Energien und eine liebevolle Kraft, die den Menschen unterstützt. Das Gegenteil ist mit den vorgenannten Erlebnissen der Fall, und da in den meisten Fällen nicht im gleichen Leben die Ansammlungen und Energien wieder abgetragen wurden, werden sie in die nächste Inkarnation mitgenommen und dort zur Verarbeitung gebracht.

Nimmt man als Nächstes das Beispiel einer jungen Frau, die Zeit ihres Lebens allergisch gegen sehr viele Nahrungsmittel reagiert und vor allem bei der Farbe Rot heftige körperliche Reaktionen zeigt, wenn sie etwas essen oder trinken möchte, was nur annähernd diese Farbe berührt. Ebenso hat sie mit ihrer Mutter heftigste Konflikte, die sie noch nicht annähernd in Aussöhnung gebracht hat. Bereits als Säugling konnte sie keine Muttermilch annehmen und das Erbrechen von Lebensmitteln gehört zu ihrem Alltag. Sie fühlt in ihrem Inneren, dass die Mutter sie liebt, aber sie antwortet nur genervt und kann ihr kaum fühlbare Liebe entgegenbringen. Immer nur spürt sie diesen Zorn und auch eine unbestimmte Angst, die sie nicht näher definieren kann.

Diese junge Frau war in einer früheren Inkarnation, die sich im Mittelalter abgespielt hatte, im gleichen Schloss ansässig wie ihre jetzige Mutter. Ihre Mutter war mit einem Mann verlobt, und die Hochzeit stand kurz bevor. Nun hatte die junge Frau im damaligen Leben versucht, auch an diesen Mann heran zu kommen und ihn für sich zu gewinnen. Ihre heutige Mutter und damalige Rivalin geriet in heftige Gefühlswallungen und wusste sich nicht anders zu helfen, als mit Hilfe der damaligen Kräuterfrau die Konkurrentin mit einem roten Giftmix aus Pflanzensubstanzen zu vergiften.

Kaum hatte sie sich der Konkurrentin entledigt, beruhigten sich ihre Gefühlswallungen und sie verspürte extreme Schuldgefühle. Ihr Leben war fortan geprägt von leidvollen Erfahrungen, und sie konnte einen Teil ihrer Schuld zur Aussöhnung bringen. Die damalige Konkurrentin, die jetzige Tochter, hatte allerdings kurz nachdem sie getrunken hatte erkannt, was ihr geschehen war, und bis das rote Gift endgültig seine Wirkung entfaltete, entstanden in ihr starker Hass und Panik, und vor allem der Schmerz fraß sich tief in ihr Emotionalfeld.

Die beiden höheren Selbste haben nun die Situation der jetzigen Mutter und Tochter-Beziehung gewählt, um beiden die Möglichkeit der Erkenntnis und Aussöhnung zu geben. Die Mutter bemüht sich liebevoll um das jetzige Kind, aber dieses ist innerlich noch nicht bereit, den alten Hass loszulassen. Die allergischen Reaktionen auf ähnlich schwingende Pflanzensubstanzen und rote Lebensmittel machen es ihr noch um einiges schwerer, ruhig damit umzugehen. Dennoch hat auch sie die große Möglichkeit des Verzeihens, des Gebens und der Aussöhnung mittels der abgelehnten Natursubstanzen aus dem Erlebnisfeld von damals.

Man kann nicht immer wissen, welcher Hintergrund genau hinter den Lebenssituationen steht, und manchmal ist es auch gar nicht notwendig. Es würde die liebevolle Annahme, dass etwas vorhanden sein muss, und die Erkenntnis der eigenen Gefühlswelt ausreichen, um damit umzugehen und lieblose Bereiche auszurichten und sie zur Verwandlung zu bringen. Die Annahme unangenehmer Emotionen in das Energiefeld ist manchmal schwierig und anstrengend, jedoch darf man sicher sein, dass, wenn der Mensch es im rechten Sinne geschehen lässt, auch das Rechte geschehen wird. Stets sind die Verarbeitungen, auch wenn sie noch so unangenehm erscheinen, für den Menschen und nicht gegen ihn. So ist es auch notwendig zuzulassen, dass Existenzen der Seele sich in ungute Machenschaften verwickelt und Dinge getan haben, die man aus der heutigen Sicht niemals gutheißen könnte. So müsste man auch nicht das Gefühl der Schuld aufkommen lassen. Schuld gibt es nicht in dem

Sinne, wie es dem Menschen gelehrt werden möchte. Man hat sicherlich die aufgebauten Energien abzutragen und wieder zurückzunehmen, und es ist so manche unangenehme Situation zur Erkenntnisfindung zu durchlaufen, aber nicht aus Schuld, sondern zur Erarbeitung der höheren Werte und zum Abbau der angehäuften Energiestrukturen.

Ein weiteres Beispiel für das intensive Wieder-Erkennen von Seelensubstanzen aus Vorexistenzen zeigt die nächste Fall-Beschreibung.

Ein Mann geht mit seiner Frau zu einer Einladung, bei der seine Schwester ihm ihren neuen Freund vorstellen möchte. Irgendwie hat er gar nicht so recht Lust darauf, aber um seine Schwester nicht zu verletzten, sagt er nicht ab, sondern erscheint mit seiner Frau pünktlich zur vereinbarten Zeit. Die Tür wird geöffnet und hinter seiner Schwester steht der neue Freund. Der Mann ist so derart unangenehm berührt, dass er gar nicht weiß, wie er seine sofortige Ablehnung irgendwie herunterspielen kann. In seiner Aura erscheinen rötliche Blitze und die Kopf-Aura wird rot und heiß, was er körperlich genau spüren kann. Zornesenergie überkommt ihn auf den Mann, den er doch scheinbar gerade erst gesehen hat. Nun begrüßt der neue Freund der Schwester auch seine Frau, und er findet, die beiden schauen sich seltsam merkwürdig an. Eine unglaubliche Eifersucht steigt in ihm hoch, und er würde gegen diesen Kerl am liebsten handgreiflich werden. Doch seine Frau geht gar nicht weiter darauf ein und benimmt sich relativ normal.

Alles, was der neue Freund der Schwester sagt, wie er sich bewegt, wie er sich der Schwester gegenüber verhält, wie er isst oder trinkt, alles stört unseren Beispielmann in einem Maße, dass er alles schlecht und unmöglich an diesem Menschen findet. Seine energetischen Abstrahlungen im Ätherbereich stellen sich kerzengerade, wie ein stacheliges Abwehrgebilde, in die Höhe, und die Zornesgefühle überfluten wellenartig die Emotional-Aura. Immer wieder glaubt er, dass zwischen seiner Frau und diesem Mann eine seltsame Schwingung überwechselt und ärgert sich maßlos darüber.

Der jetzige Freund der Schwester hatte in einer früheren Inkarnation seine damalige Frau verführt. Dadurch war die Ehe zerstört worden und in dem betrogenen Ehemann sammelte sich eine große Menge an Zornesenergie und Schmerz an. Nun trifft er diesen »Kerl« wieder und in ihm flammen die angestauten Emotionen auf. Eine extreme Abneigung zeigt sich zu der jetzigen Inkarnation des Mannes, obwohl dieser in sich keinerlei Ausrichtung mehr trägt, um erneut eine derartige Situation hervorzurufen.

Den Freund der Schwester erreicht ein seltsames Gefühl von Reue und Scham, was er sich nicht erklären kann, und er fühlt sich gegenüber dem Bruder seiner Freundin sehr unsicher.

Auf energetischer Ebene sieht man einen starken Austausch in den Auren der beiden Männer. Heftige Reaktionen wandern von dem damaligen Ehemann zu dem Freund der Schwester. Wenn diese Energien artgleiche Aggressionsfelder in der Aura finden, kann sich daraus ein heftiger Streit entwickeln, der die Verkettungen noch mehr verstärkt. Treffen die Zornesfelder aber auf Energien der Reue und Erkenntnis des bestimmten Bereiches, werden sie nicht angeregt, und bei beidseitiger Suche nach Freundschaft können die Emotionsfelder verarbeitet werden.

Ebenso kann der Bruder aber auch in der Form reagieren, dass er der Schwester große Vorwürfe macht. »Du hast diesen Typen herangeholt, der die ganze familiäre Atmosphäre verpestet« oder »Du bist schuld, dass wir hier so eine Stimmung haben, ich fühle mich schrecklich hier.« Dann kann die Situation kaum erlöst werden, sondern durch Schuldzuweisungen werden die

Energiefelder zusätzlich noch verdreht und die Emotionen werden auf andere Menschen übertragen. So kann es dem Mann vielleicht kurze Zeit wieder gut gehen, da er scheinbar die unguten Emotionen auf die Schwester projiziert hat, aber sie werden ihn immer wieder einholen, und das Ausmaß wird jedes Mal verstärkt. Er hat die Situation nicht als Möglichkeit angenommen, sondern sich dagegen gewehrt, noch mehr Energie produziert und andere Seelen mit hineingezogen.

Eine weitere Betrachtung sind die Reaktionen aus Abwehr und Ärger von Teilbereichen, die dann entstehen, wenn Menschen getroffen werden, die dieselbe Ausrichtung in sich tragen und womöglich noch ausleben.

Nimmt man das Beispiel einer Frau, deren Vorexistenz darauf ausgerichtet war, ihre religiösen Vorstellungen mit aller Macht auf andere Menschen zu übertragen. Die Missionierung von Menschen auf ihr Glaubensgut war extrem, und sie glaubte damals, dass sei der wahrhaftige Weg, anderen Menschen etwas aufzuzwingen, was sie selbst noch nicht erkannt hatten.

In ihrer jetzigen Entwicklung und Persönlichkeit hat die Frau gelernt, dass das Missionieren für sie nicht der Weg sein kann, sondern dass die Achtung vor den Erkenntnissen und Meinungen der Mitmenschen deren Glaubensvorstellungen prägen sollten. Auch hat sich in ihr eine Ablehnung und sogar eine Verurteilung gegen ihren eigenen, aus einer Vorexistenz mitgebrachten Teilbereich aufgebaut, der dieser Ausrichtung nachging.

Es ist ihr bewusst, dass das Vorgehen der Missionierung nicht gut sein kann, und sie lebt es auch nicht mehr aus, aber der bestimmte Teilbereich in ihrem Inneren, der sie auch in der früheren Inkarnation stets dazu bewogen hat, dieser Ausrichtung zu dienen, würde es sofort wieder tun, wenn er nur zum Zuge käme. Er fühlt sich immer noch so, als würde er auf jeden Fall für die anderen wissen, was das Beste für sie ist.

Trifft nun diese Frau in ihrem jetzigen Leben auf einen Menschen, der dieselbe Ausrichtung der Missionierung in sich trägt und diese auch auslebt, wird sie in sich eine starke Ablehnung empfinden. Zum einen reagiert ihr Bereich der Ablehnung für die Missionierung, zum anderen fühlt sich der Teilbereich in seine Arbeit gepfuscht, der selbst missionieren möchte. Dieser Teilbereich fühlt sich durch die Anwesenheit des anderen artgleichen Bereiches in seiner Schwingung gestört, da er ja von sich glaubt, nur er wisse das einzig richtige für alle. Er wird nun versuchen, Energien zu produzieren, um das Gegenüber zu schwächen und aktiviert selbst Emotionen, die eine Erfüllung seiner Ausrichtung ermöglichen sollen.

Durch die heftigen Reaktionen in ihr auf diese Tätigkeit, kann die Frau erkennen, dass genau solch ein Teilbereich in ihr ebenfalls noch darauf ausgerichtet sein muss. Ansonsten würden keine Emotionen sich melden und ausgelebt werden wollen. Sie hat also durch die geführte Situation die Möglichkeit bekommen, durch das Annehmen und Erkennen den Missionar in ihr zu erlösen. So kann aus dieser scheinbar unangenehmen Situation wiederum größter Nutzen gezogen werden, wenn die Emotionen erkannt, verarbeitet und der Teilbereich in Liebe angenommen und in die rechte Ausrichtung gebracht wird.

Man kann davon ausgehen, wenn man im Inneren starke Emotionen empfindet, dass dann immer Energien vorhanden sind, die noch nicht auf den ruhig fließenden Schöpferstrom ausgerichtet sind. Je länger ein Mensch in dieser Art an sich arbeitet, umso klarer wird er den Unterschied von eigener Emotion, die es zu verarbeiten gilt, und von Gefühlen, die er aus dem Umfeld wahrnimmt, unterscheiden können.

Bei der notwendigen Bereitschaft kann die Verarbeitung erfolgen, ohne dass immer der genaue Hintergrund bekannt ist. Die Lebenssituationen laufen in der Folge ab, wie sie notwendig sind, um mit der rechten Einstellung eine Ausrichtung zu erreichen. Der Mensch kann sich führen und leiten lassen und sich dankbar stets bemühen, sich auf die Liebe einzustimmen. Sie ist die stärkste Kraft. Wenn es auch manchmal etwas dauert, bis man bereit ist, sie fließen zu lassen, so wird sie doch immer und sofort bereit stehen, wenn man sie zulassen kann und will.

20. Fremdenergien

Eine äußerst starke Beeinflussung der Menschen lässt sich Wesenheiten zuordnen, die hauptsächlich auf diesem Planeten anzutreffen sind und ihr Wirkungsfeld hier ausleben können. Sie stellen ein eigenes Energiefeld mit der diesem jeweils zugeordneten Energie dar, die man somit als fremd, also nicht von dem sie erreichenden Menschen stammend oder von ihm geschaffen, charakterisieren kann.

Die Kraft und Stärke dieser Wesen, die sich einmal bewusst vom Göttlichen lossagten, können sich intensiv ausdrücken und man sollte bestrebt sein, in keine Verkettung mit ihnen zu geraten oder sie gar zu verurteilen, mögen ihre Bestrebungen zur Dunkelheit auch noch so gewaltig sein. In der Aura des Planeten können wir Auswirkungen aus einem einzigen, genau bestimmten Energiefeld solch eines Wesens erkennen, welches sich über ganze Kontinente erstreckt und an manchen Orten stärker oder schwächer ausgeprägt ist. So kann man sehen, dass der gesamte Planet von den verschiedensten Einheiten umhüllt ist, und sobald Menschen deren Energie ausleben, vibriert dieses Feld, verstärkt sich dort und zieht sich zusammen.

Ihr Inhalt und ihre Ausrichtung reichen von intensivsten Hassgefühlen, Neid, über Macht und Gewalt bis zu Bestrebungen, Ängste im Menschen zu schüren und Unfrieden zu erreichen. Jedoch wird auch von ihnen kein Mensch berührt oder in ihr Programm hineingezogen, wenn er nicht noch Schwächen aufweist oder gar gleich geartete Ausrichtungen über Teilbereiche seines Charakters in sich trägt. So können diese Wesen aufzeigen, wo der Mensch noch etwas an sich zu arbeiten hat; und auch der Mensch selbst kann ihnen helfen, die Liebe zu erkennen und zu erleben, wie sich die Liebe anfühlt, die sie scheinbar so ablehnen und doch so vermissen.

Vielleicht sind diese Wesen jedoch auch Ausdruck der eigenen Seele, und man kann nicht ausmachen, inwieweit der Mensch mit ihnen verbunden ist, sie vielleicht sogar mit geschaffen hat und nun die Möglichkeit erkennen kann, für sich und diese Wesen eine Neuorientierung zu erreichen. Letztendlich ist der Mensch mit allem verbunden, auch mit diesen gefallenen Geschöpfen. So wie der physische Körper alle Substanzen des Planeten in sich trägt, trägt er auch mit seinem Astralkörper emotionale Substanzen dieser Wesen in sich.

Vielleicht ist es gerade dieser Umstand, warum der Mensch das ganze Leben achtsam darauf bedacht sein sollte, dass bestimmte lieblose Ausrichtungen in ihm nicht zum Tragen kommen können.

Ein Aspekt dieser Strukturen, der, wenn er ausgelebt wird, intensiv eine geistige Entwicklung blockieren kann, ist der Bereich der üblen Nachrede. Diese ist eines der weit verbreiteten Muster, die man immer und immer wieder bemerken kann, und wenn man nicht Acht gibt, auch bei sich selbst. Dies erscheint vielleicht wenig spektakulär, ist aber dennoch ein sehr wichtiger Faktor für die Klarheit und Reinhaltung der Aura. Durch das lieblose und verurteilende Sprechen über andere Menschen, welches stets mit Missgunst, Neid und Respektlosigkeit, manchmal auch mit Zorn oder Verurteilung gemischt ist, entsteht eine sehr dunkle Energie, an die sich sofort eigenständige Wesen mit dieser Prägung anheften und so das dunkle Feld um den Planeten verstärken. Spricht ein Mensch öfters in dieser Art und Weise über seine Mitmenschen, wird auch die dunkle Greifzange im Energiebereich seiner Aura durch die Wesen stärker, und es erfolgt eine immer intensivere Beeinflussung. Diesen Wesen gelüstet nach dieser Energie, und sie werden viel unternehmen, um die notwendige Zufuhr zu erhalten. Ein kurzes Gefühl von Befriedigung wird dem Erzeuger vermittelt, um ihn gewogen zu halten, und durch Anregung mit Emotionen wird dieser immer wieder veranlasst, eine Wiederholung jener Energie zu erzeugen. So werden die energetischen Verbindungen aufrechtgehalten und eine Verstärkung erreicht, die langsam aber sicher die Aura verdunkelt.

Ein ganz anderes Beispiel zeigt der Vorgang im Leben eines Mädchens, welches für die Darstellung eines sehr wichtigen Aspektes Verwendung finden soll.

Das genannte Mädchen versuchte in ihrem bisherigen Leben, den inneren Durst nach Befriedigung in der Welt zu stillen. Sie folgte Äußerlichkeiten und bemühte sich, die Leere in ihr mit Glücksgefühlen im Äußeren zu füllen.

Sie traf nun eines Tages einen Mann, der auf sie eine seltsame und ihr unerklärliche Anziehung ausübte. Dieser Mann versuchte nun, stetig den Einfluss auf sie zu vergrößern. Es gelang ihm bald, derart in das Gefühlssystem des Mädchens einzudringen, dass es ihm möglich war, sie in ihren Meinungen und Vorstellungen zu beherrschen und sich gefügig zu machen. So führte er sie in eine Gruppe von Menschen ein, die Meditationstechniken verfolgten, die ausschließlich dem einen Ziel dienen sollten, das Bewusstsein des Mädchens auszuschalten und ihm im Zustand der völligen Entspannung die Lebenssäfte und Energien zu entziehen. Durch das ständige Wiederholen dieser »hingebungsvollen« Techniken vernetzten sich die Energieströme des Mädchens immer stärker mit denen der Gruppe, und die Mitglieder hatten leichtes Spiel, ihr die fließenden Lebenssäfte abzuziehen. Mit der Zeit nahm der

Energiepegel des Mädchens so stark ab, dass sich das familiäre Umfeld besorgte Gedanken darüber machte.

Man kann nach einer weltlichen Erklärung suchen und vielleicht finden, dass das Mädchen kein gutes Verhältnis zu ihren Eltern hatte und deshalb nach Liebe und Geborgenheit bei diesen Menschen suchte. Das war aber in unserem Beispiel nicht der Fall. Für dieses Mädchen war es in ihrer Persönlichkeit angesagt zu erkennen, dass das Gefühl der Zuwendung, die Suche nach Halt und Erfüllung, nicht in der Welt zu finden waren, sondern einzig und allein in ihrem Inneren, durch ihren persönlichen Zugang zur vollkommenen Liebe, zur Göttlichkeit.

Die sie vereinnahmen wollenden Energiefelder drangen in ihre Aura ein und breiteten sich immer mehr in ihr aus. Auch die Verbindungen zu den Mitgliedern untereinander wurden immer stärker, und das Netz aus Energiefäden zog sich um ihre Aura immer fester zu. Es wurde versucht, Macht über das Mädchen auszuüben, und sie wurde wie eine lebendige Batterie benutzt.

Das Mädchen konnte während dieser Zeit mit ihrer unbewussten feinstofflichen Wahrnehmung genau die Energiestrukturen erleben, die solch ein Vorgehen initiierten. Sie konnte erkennen, dass es ein falscher Halt war, sich an Ritualen zu orientieren und sich einfangen zu lassen mit Versprechungen und dem scheinbar erhabenen Gefühl, etwas Besonderes zu sein. Alle Seelen sind etwas Besonderes, in allen strömt die Schöpferkraft. Langsam aber sicher wird die innere Erkenntnis versuchen, an das Oberbewusstsein zu strömen.

Sie kann durch solch eine Situation erstarken, und das wahre Erkennen wird der Seele starken Halt und Kraft vermitteln. So wird die Seele für zukünftige Ereignisse gewappnet und gestärkt und kann nicht mehr aus der Bahn geworfen werden, sobald sie das Vorgehen erkannt und verarbeitet hat.

In der geistigen Sicht hat sich gezeigt, dass dieser Mann mit ein paar anderen Menschen vor langer Zeit einen Kult aufgebaut hatte, in dem sie eine ganz bestimmte Wesenheit des Planeten verehrten und dieser Opfergaben darbrachten. Diese Opfergaben waren unter anderem die Energien von jungen Menschen und die teilweise Übergabe von Seeleneinheiten. Das Wesen lebte davon und wurde in seiner Kraft gestärkt. Es versprach den Menschen im Gegenzug mehr Macht und Einfluss auf der Welt. Dieser verlockenden Versuchung konnten sie nicht widerstehen. So ließen sie sich ein mit diesem Wesen, und es griff unerbittlich in die Energie jener Menschen ein und beherrschte sie mit der Zeit immer mehr. Es schlug in die Auren dieser Personen tiefe Wurzeln.

Manchmal werden solche Kontakte an sehr dunkle Einheiten durch Machtgier geknüpft, die dem Menschen gar nicht bewusst sind. Es erfolgt ein energetischer Austausch, da der Mensch Macht und Kontrolle anstrebt. Wenn der Mensch in diesem Moment sehen würde, wie der Aufbau solcher Energiestrukturen in seiner Aura aussieht, er würde vor Scham vergehen wollen.

So wurden die Menschen, je mehr sie dieser Wesenheit dienten, ihre Sklaven, und das anfängliche Gefühl, das Wesen für eigenen Zwecke missbrauchen zu können, wurde schnell zerschlagen. Nun haben die Menschen diesem Wesen zu dienen, bis sie aus tiefstem Herzen das Vorgehen erkennen und sich nach einer Änderung sehnen.

Die jeweiligen »Opfer« werden damit angelockt, dass ihnen, wie bei einem Spiegel im Astralbereich, magisch die Erfüllung ihrer Bedürfnisse, die sich als empfindungsmäßige Ansammlung in der Aura befinden, vorgegaukelt werden. Auf geistiger Ebene bekommen die feinstofflichen Wesen alles mit, und sobald sie merken, ein Mensch fühlt sich alleine, sucht Geborgenheit, möchte in eine Gemeinschaft aufgenommen werden oder leidet unter starken Selbstzweifeln, die ihm dadurch genommen werden, dass er scheinbar aufgenommen wird, so wie er ist, sehen sie ihre Gelegenheit. Diese Erfüllung aller seiner Sehnsüchte wird ihm vorgespiegelt, und die Tatsachen werden bei dem Bestreben, diese Sehnsüchte erfüllt zu bekommen, nicht mehr registriert. Der Mensch steht im Banne seiner Gruppe, die auf diese Ziele ausgerichtet ist.

Manchmal haben aber auch Menschen, die in eine solche Gemeinschaft hineingezogen werden, in einem früheren Leben an der Entstehung der Gruppe mitgewirkt und können sich nun dadurch lösen, dass sie es noch einmal durchleben und erkennen können, welche Hintergründe tatsächlich anzutreffen sind. Manchmal ist es auch notwendig, dass eine bestimmte Seele in den Schwingungsbereich einer solchen Gemeinschaft hineingeht, um den dort verhafteten Seelen die Möglichkeit der Erkenntnis zu geben.

Der Mann aus unserem Beispiel, der das Mädchen in die Gruppe eingeführt hatte, wurde in seiner Aura schon fast vollkommen von der Energie des Wesens eingenommen und hatte kaum mehr ein persönliches Bewusstsein, um erkennen zu können, was eigentlich gespielt wurde.

Es bleibt nicht aus, wenn man sich mit solchen Energien einlässt, dass man dann auch damit verbunden ist und die Kraft, die man davon bekommen hat, vielfach wieder zurückgeben muss. Es kann ein sehr langer Prozess sein, bis hier eine Loslösung stattfindet, aber es liegt immer am Menschen selbst, mit wem und mit was er sich einlässt. Immer jedoch hat er auch die Möglichkeit, sich wieder auf die Lichtkräfte zu besinnen und von diesen unterstützt zu werden.

So erscheinen die Macht und die Beeinflussung, die eine bestimmte Gruppe von Menschen auf andere ausüben kann, aus der Distanz kaum nachvollziehbar. Man kann die unglaublich bindenden Kräfte schwerlich empfinden, wenn man sie nicht selbst einmal erlebt hat. So glaubt man vielleicht, das könnte einem nicht passieren, aber genau dann sollte man besonders darauf achten, da auf geistiger Ebene sehr schnell eine Konfrontation stattfinden kann und der Geist beziehungsweise das Geistwesen dem Menschen sofort aufzeigen möchte, was es heißt, von ihm beherrscht zu werden. Hat sich eine Persönlichkeit in eine Verurteilung eingelassen, hat das Geistwesen auch Zugang und kann seine Fühler danach ausstrecken und zupacken.

Demütig und dankbar kann man sein, wenn solch eine Erkenntnis nicht mehr ansteht und denjenigen Menschen viel Kraft wünschen, die noch damit zu tun haben.

Eine ganz andere Art des Eindringens von Fremdenergie zeigt sich über die Aufnahme von Essen.

Man stelle sich vor, eine Familie sitzt an einem Sonntagabend gemütlich zusammen und spielt Karten. Die Stimmung ist harmonisch und ruhig. Alle haben Hunger und Appetit auf eine Pizza, und telefonisch werden die entsprechenden Pizzen zum Abholen bestellt. Zwei Familienmitglieder fahren los, um die Bestellung abzuholen.

In der Zwischenzeit wird der Tisch gerichtet und man freut sich auf die Pizza. Die beiden kommen mit den Pizzen zurück und plötzlich kippt die bislang gute Schwingung in ein unangenehmes Beisammensein um. Aufgeregtes Hin- und Herlaufen, eine Pizza tropft beim Schneiden, schon hört man den ersten Fluch. Die Kinder werden laut und unruhig, und der ganze Raum scheint unter Spannung zu stehen.

Was ist passiert?

In der Pizzeria war jede Menge los. Der Koch war im Stress, einer seiner Kollegen war krank, und er wusste nicht mehr, wo ihm der Kopf stand. Zum liebevollen Herrichten blieb ihm keine Zeit, die Pizzen wurden schnell, zu schnell in den Ofen geknallt und danach in den Karton. Die nächsten Bestellungen warteten schon. Die bestehende Hektik, der Zorn des Kochs über die missliche Situation, die Unruhe und die Lieblosigkeit bei der Zubereitung, dies alles wurde energetisch auf die Pizzen geladen und dienten dieser Energie als Träger. Die Pizzen wurden mit einer düsteren Aura aus schwabbeliger Energie und dichten Streifen darin an die Besteller ausgeliefert.

Meist wird solch eine Energie vollständig übertragen und der Mensch isst diese Energien mit der Materie des Lebensmittels in sich hinein. Dann lastet es besonders schwer im Magen, denn nicht nur das Essen muss »verdaut« werden. Die Auswirkungen auf die Stimmung kann sehr ausgeprägt sein.

Werden nun die veränderten Gefühle wahrgenommen und die Pizzen in Liebe und Dankbarkeit betrachtet, werden die Energien zum Teil umgewandelt oder müssen weichen. So wird das Lebensmittel energetisch frei und kann bedenkenlos verzehrt werden.

Dieses Beispiel macht deutlich, dass nicht immer persönliche Bereiche eine Rolle spielen, wenn eine Menge an unguten Gefühlen eindringt. Jedoch sind diese Gefühle nicht so intensiv und dringen nicht so in die Tiefe ein, wie es wirkende Felder aus Teilbereichen verursachen würden. Hier ist ein Erkenntnisprozess notwendig, der aber mit der Zeit immer konkretere Aussagen und Einteilungen, ob es sich um fremde Emotionen handelt oder um eigene, ermöglicht. Sicherlich sollte nicht davon ausgegangen werden, dass immer alles absolut korrekt empfangen und gefühlt wird, aber mit der Zeit wird die Klarheit und das Bewusstsein deutlich intensiver und stärkt den Menschen in seiner Erkenntnisfähigkeit.

Ein sehr wichtiger Aspekt im Umgang mit den energetischen Strukturen zur Reinhaltung der Aura ist der Bereich der

Identifizierung. Dadurch, dass man sich an ein Energiefeld anschließt, heftet man sich schwingungsmäßig daran, ist somit verbunden und wird bei allen Bewegungen, die das Energiefeld zu machen hat, ebenfalls bewegt. Somit ist der Mensch nicht frei in seiner Entwicklung und kann extrem in seiner Ausrichtung behindert werden.

Nehmen wir an, ein Mann hat in einer vergangenen Inkarnation in einem Ostblockstaat gelebt. Zu seiner Zeit gab es noch keine Anzeichen für eine Demokratisierung, und die Staatsführung beherrschte alle Vorgänge im Land. Die Medien und alle offiziellen Vorgänge wurden staatlich kontrolliert und die Menschen manipuliert. So glaubte dieser Mann den Beteuerungen des Staates, dass ihr System das Beste für die Menschen sei, gerecht, weise und immer auf der Seite seiner Bürger. Um den Menschen im Staat nicht die Möglichkeit der Erkenntnis zu geben, wurden ständig Parolen und Versprechungen verkündet, und man versuchte, den Menschen das Gefühl zu vermitteln, geborgen in einer großen Gemeinschaft zu leben. Versorgt und geliebt vom »Staatswesen«. Dieses Wesen gibt tatsächlich den Menschen kurzzeitig ein Gefühl der Geborgenheit, aber nur so lange, wie er auch dem Wesen dient. Beginnt er zu zweifeln und möchte seinen eigenen Weg gehen, handelt er sich massive Widerstände und Gegenkräfte ein.

So wurden dem Mann auch immer wieder Informationen unterbreitet, wie schlecht es in den anderen Staaten zuging. Mord und Totschlag, Angst um den Arbeitsplatz und ähnliche Gräuelgeschichten. Ganz besonders geschah dies mit Nordirland. Hier wurde über Glaubensvorstellungen hergezogen und über das Jahrhunderte alte religiöse Bild, welches die beiden Gemeinschaften in ständigen kriegerischen Handlungen hielt. Dadurch, dass Nordirland von den Machthabern dieses Ostblockstaates schlecht gemacht wurde, lenkten sie von ihren eigenen Problemen ab, und der vollständige Wahrheitsgehalt war nicht immer gegeben.

So begann dieser Mann, im Glauben an das, was er gehört hatte, ein massives Feindbild gegen die Iren aufzubauen und in starke Verurteilungen zu geraten. Es wurden in ihm die notwendigen Emotionen aufgeputscht, die ihn noch tiefer in das geschaffene Abwehrfeld hineintrieben. Das »Staatswesen« erreichte so, dass der Mann sich ihm stärker zuwandte, da es ja einen gemeinsamen »Feind« gab und ein Zusammengehörigkeitsgefühl aufgebaut wurde, durch den Aufbau eines gewaltigen Abwehrfeldes mit Verurteilung dem irischen Volk gegenüber. Parolen, welche die Emotionen hochputschten und das Energiefeld öffneten, gehörten zur Tagesordnung, und die Bindungen wurden immer wieder erneuert und verstärkt.

Erst kurz bevor sein Leben dort sich dem Ende zuneigte, begann er langsam zu erkennen, was ihn die ganzen Jahre geblendet hatte und wie der Staat und seine Anhänger sich wirklich zeigten. Die Menschen hingen wirklich diesem starken Wesen an, und die Energieströme führten dort zusammen und übergaben Seelenkraft und Lebensenergie. So waren alle miteinander verkettet, und die Bestrebungen, keinen davon loszulassen, reagierten heftig. So hat er sein ganzes Leben sich selbst mit dem Wesen des Staates identifiziert und geglaubt, er sei ein Bürger dieses Staates. Er hat ihn heftigst vertreten und sich dafür eingesetzt, ohne zu erkennen, dass er ein Geschöpf Gottes ist und alle Menschen gleich sind, egal in welchem Land sie gerade wohnen oder welche Aufgaben sie zu erfüllen haben.

So war es für die Erkenntnis der Seelenbereiche, nach dem Ostblockleben, die beste Möglichkeit, genau nach Nordirland zu inkarnieren, als Sohn eines der Anführer der kriegerischen Seiten. So erhielten die Teilbereiche, die solch einen Hass aufgebaut hatten, die Chance, diesen abzubauen, zu transformieren und zu lernen, was es hieß, sich mit Jahrhunderte alten religiösen Vorstellungen zu identifizieren und diese auszuleben.

Jedoch ist man niemals selbst die Dinge, die geschehen oder die aufgebaut worden sind. Der Mensch ist auf seine Art ein Individuum, durch welches die Schöpferkraft fließen möchte, und keine Marionette von aufgebauten alten Feldern und Wesenheiten.

So wuchs der nun in Irland inkarnierte Mann heran, und ihm wurde anerzogen, dass er ein Mitglied des Clans sei und den alten Krieg mit auszutragen hätte. Er erhielt kaum eine Chance, selbst etwas erkennen zu können, immer wurde er erneut emotional gegen die so genannten religiösen Gegner aufgehetzt und geriet immer mehr in die Fänge dieser die Menschen dort beherrschenden Energien. So kämpfte er gegen sie, tötete sogar und warf gewaltige emotionale Ladungen auf die Gegenseite ab. Er verhielt sich nun genau so wie die Menschen, die er in seinem Leben im Ostblockstaat so verurteilt hatte.

Es ist ein schwieriger Aufwachprozess, innerhalb solcher aktiver fremder Felder zu einer Erkenntnis zu gelangen. Würde ihm bewusst, dass er doch eigentlich in seiner Seele gar nicht das Blut der alten Iren trug, wie man ihm sagte, genauso wenig wie die anderen Menschen dort, so könnte er nicht mehr teilhaben an den Beteuerungen: »Wir sind dies und das und haben das zu vertreten.« Sehr schnell würde das Wissen um die Freiheit jeder Seele die Speisung der alten Feindbilder und religiösen Vorstellungen zusammenbrechen lassen – und der Kampf wäre vorüber.

Durch das Leben in Irland hatte er die große Möglichkeit, spätestens nach dem Ablegen seiner Körperhülle, zu erkennen, wie stark die Fremdeinflüsse auf diesem Planeten waren und wie stark das Bestreben dieser Wesen wirkte, ihre

»Gefangenen« beieinander zu halten und nicht aufwachen zu lassen, um eine weitere Ernährung dieser Wesen und Felder zu gewährleisten.

Sicherlich wird er dann mit mehr Verständnis reagieren, obwohl die kriegerischen und hasserfüllten Auseinandersetzungen dadurch nicht geschmälert werden können. So kann der Mensch erkennen, dass eine fremde Einheit etwas von ihm möchte, wenn man gegen irgendetwas aufgehetzt wird oder man sich mit irgendwelchen irdischen Bereichen identifizieren soll. Das kann genauso eine Firmenideologie oder ein »Vereinswesen« sein. Die Sprache enthüllt stets, welcher Geist hinter einer Gruppierung wirkt.

So ist große Vorsicht geboten, wenn eine Rede überemotional geschwungen wird, um das Gefühlsfeld der Zuhörer aufzubrechen. Sehr schnell setzt sich hier eine fremde Einheit ein, die einem sogleich das Gefühl gibt, seine Einflüsterungen seien die eigenen.

Wenn man jedoch seine Gefühle und Gedanken beobachtet, kann man sehr schnell dahinter kommen, welche Einheiten gerade versuchen, über einen Kontrolle auszuüben und sich von der fließenden Kraft im Menschen laben wollen.

Dies erfordert ständiges Wachsein und ein stetes Beobachten der Gefühlswelt. Es ist aufwändig, aber die Früchte, die aus dieser Arbeit geerntet werden können, sind die Freiheit des Geistes und die Reinigung bzw. Reinhaltung der Aura. Es ist eine äußerst wichtige Aufgabe, und das Ausmaß dieser Bemühungen kann man vielleicht erst erfahren, wenn man die Leibeshülle abgelegt hat und die irdischen Begrenzungen fallen.

Schlusswort

Das Thema der Aura des Menschen in Resonanz mit seiner Umwelt ist ein äußerst komplexes und umfangreiches Thema und kann mit all seinen Erscheinungen und Formen in seiner Gesamtheit nur ansatzweise dargestellt werden. Jedem Menschen ist ein individuelles Erlebnisfeld zu Eigen, und seine ganz persönlichen Gedanken und Emotionen prägen seine Aura.

Auch ist allen Menschen immer Hilfe aus den geistigen Ebenen gewiss, wenn sie sich dieser wundervollen Möglichkeit öffnen. Geistige Wesenheiten unterstützen den Menschen bereitwillig mit viel Zuwendung und Liebe. Es liegt an jedem selbst, ob man ihre Hilfe annehmen möchte oder nicht. Verharrt man auf dem momentanen Entwicklungsstand seiner Persönlichkeit und verschwendet seine Energie, indem man sich den dauernden Aburteilungen der Umwelt widmet, werden sich die Geschöpfe Gottes zurückziehen. Öffnet man sich ihnen aber in Liebe und Dankbarkeit, bereitet es ihnen große Freude, aus ihren Möglichkeiten heraus den Menschen zu unterstützen.

Sind in der Aura liebevolle Gedankengebilde und Emotionen zu finden, wird man im jeweiligen Umfeld auch auf Menschen stoßen, die in wesensgleicher Energie schwingen. Die Kontakte und Erlebnisse werden angenehm und friedlich sein. Umgibt man sich mit dunklen Gebilden, werden diese auch im Umfeld aktiviert, und man zieht Menschen an, die sich in ähnlichen Schwingungsfeldern befinden.

So ist der Mensch der Schöpfer seines Lebens und aller

Dinge, die ihm geschehen, durch die Kraft der Gedanken und das Wirken der Emotionen. Dass die Auswirkungen von unerkannten Teilbereichen und Verarbeitungen aus früheren Existenzen immer wieder ihre Programme aufzeigen und dies manchmal sehr unangenehm sein kann, ist selbstverständlich und wichtig für die Entwicklung und Klärung. Aus diesem Grund kann nicht immer die Erkenntnis der momentanen Situation auf die Gesamtausrichtung bezogen werden. Situationen können manchmal sehr intensiv und hart sein, obwohl der Mensch schon sehr lichtvoll in seiner Aura schwingt. Wenn man auf das Wirken von Gedanken und Emotionen achtet, werden die Verarbeitungsprozesse deutlich ruhiger und ausgeglichener verlaufen und die Energien gleichen sich schneller aus und harmonisieren sich mit den Schwingungen des Schöpferwillens.

Ein weiterer wichtiger Aspekt in der Hinwendung zu höheren Werten ist der Umgang mit den Mitmenschen, im steten Streben, möglichst wenig Energie auf andere abzuwerfen oder neu zu beleben und das Umfeld in Liebe zu betrachten. In der Aura wird jedes Vorgehen und jede Tat gespeichert, die man mit seinen Mitmenschen erlebt; und ein empfänglicher Mensch kann die Gesamtausrichtung eines Mitmenschen in seinen feineren Körpern erfühlen.

So wird auf der Seelenebene jegliche Information ausgetauscht und erkannt. Niemand kann dem anderen etwas vormachen. Lügt man also einen Menschen an, kann man seinen Verstand kurzweilig täuschen, aber auf der Seelenebene, genau wie in allen feinstofflich-geistigen Ebenen auch, gibt es kein Verbergen. Durch Lügen werden die Mitmenschen in seelische Konflikte gebracht, da die Seele die Wahrheit erkennt und der Verstand eine andere Information erhält. Das sorgt für energetische Verwirrung und hinterlässt eine deutliche Spur im Energiefeld der angelogenen Person.

Dem Lügner selbst entweicht aus dem Zungenbereich eine grau-düstere Energiewabe, und der Versuch, auch energetisch seine Lüge zu verstecken und emotional auszuweichen, wird in seiner Aura deutlich aufgezeigt. Viele Menschen erleben, wenn sie belogen werden, ein seltsames Kribbeln im Solarplexus-Bereich und spüren ein seltsames Gefühl. Dann dürfen sie sicher sein, dass hier etwas nicht stimmt und können die Situation analysieren. Je mehr an sich selbst gearbeitet wird, umso freier können Empfindungen als Informationen von der Seelenebene aufgenommen werden und umso klarer wird die weitere Bewusstseinsöffnung fortschreiten können.

Der Einblick in das Grundwissen der geistigen Gesetzmäßigkeiten kann die Basis darstellen für die weitere, bewusstere Arbeit mit sich selbst, seinen Teilbereichen und den Energiefeldern, die in der Aura vorhanden sind. Die Beispiele mögen einige Einblicke in bestehende Erlebnisfelder darstellen, jedoch erst das Annehmen, Erkennen und Ausrichten der persönlichen Energiefelder und Grundstrukturen eröffnet ungeahnte Horizonte und lässt die Persönlichkeit der vollkommenen Liebe ein Stück nähertreten.

So kann man sich bewusst machen, dass man sich, zusätzlich zum Liebesstrom der eigenen höheren Seelenbereiche, auch der Unterstützung von den jeden Menschen umgebenden feinstofflichen Wesenheiten sicher sein darf, die mit ihm bestrebt sind, die höheren Kräfte fließen zu lassen.

Jede Arbeit an sich selbst, jedes Zulassen und Erkennen von inneren Vorgängen öffnet stärker die Pforte für den Fluss der Schöpferkraft. Die Arbeit mit den Verdichtungen und Verhärtungen der Aura lässt diese erweichen, und die Ströme müssen sich nicht einen Umgehungskanal suchen oder gar unterbrochen werden, sondern können immer freier und lichtvoller darin fließen. So erlebt man mehr Erfülltheit, mehr Geborgenheit und ist in der Lage, die geistigen und telepathischen Fähigkeiten der Persönlichkeit zu erhöhen.

Viele Energien müssen sich nicht mehr als Krankheit ausleben und vom Körper durch die Materie hindurchgearbeitet werden, sondern können durch die Arbeit mit den feinstofflichen Wahrheiten vorher ausgerichtet und verarbeitet werden. So kann sich der Mensch auch mehr Vitalität für den Körper erwerben.

Man kann nicht davon ausgehen, wenn man sich mit der Verarbeitung im Strom des Schöpferwillens und seiner Seele befindet, dass es einem nur gut geht. Man muss sich bewusst bleiben, dass sich die geistigen Arbeiten auf diesem Planeten mit Anstrengung und sehr viel Einsatz vollziehen werden und es sehr unangenehm werden kann, wenn Energien angenommen und Teilbereiche erkannt werden. Jedoch vollzieht sich Erkenntnis in einem höheren Bewusstsein, und man entwickelt keinen weiteren Widerwillen gegen bestehende Felder und Wesen, sondern Verständnis für alle Wirkungsweisen und große Dankbarkeit der Schöpfung gegenüber.

Man kann seinem Mitmenschen anders begegnen, da man sich der beeinflussenden Kräften bewusster ist, die immer wieder einwirken, bis sie erkannt werden. Es entwickelt sich Verständnis und Zuwendung und keine Ablehnung oder gar Verurteilung. So werden keine unguten Emotionen mehr geschaffen, sondern die vorhandenen Felder der Auflösung zugeführt.

Manchmal fühlt man sich innerhalb dieser Aufgaben trotzdem sehr alleine und verlassen, da es scheint, als seien die erfüllenden Gefühle wie abgeschnitten. Das sind sie aber ganz und gar nicht, und im Vertrauen auf die Richtigkeit der Vorgänge werden die Situationen leichter und bewusster durchlebt.

Das Bewusstsein um die Wahrhaftigkeit der geistigen Vorgänge nimmt immer mehr an Umfang zu. Ganz deutlich sind die immer heller werdenden Felder in der Aura der Erde zu sehen, die sich manchmal über Kontinente hinweg miteinander verbinden.

So kann jeder Mensch seinen Teil dazu beitragen, an sich selbst zu arbeiten und somit einen entscheidenden Beitrag auch für die Gesamtheit zu leisten. Die Ergebnisse dieser Arbeit lassen ein Gefühl der inneren Harmonie entstehen und schenken die Gewissheit, dass alles Leben mit der Schöpferkraft verbunden ist, die in allem fließt und sich durch alles ausdrücken möchte.

Weiter Bücher von Manuela Oetinger

In der Arbeit mit ihren Patienten, vor allem aber durch ihre Einsichten in die inneren Prozesse der großen Entwicklung des Lebens zeigen sich Manuela Oetinger immer deutlicher die bevorstehenden radikalen Transformationen des irdischen Lebens. Die Geburt einer neuen Welt steht offensichtlich unmittelbar bevor.
Um diesen bevorstehenden Umwandlungsprozess erfolgreich meistern zu können, gilt es für jeden Einzelnen, sich von letzten unerlösten seelischen Aspekten zu befreien beziehungsweise diese wieder in ihre angestammte Ordnung zu führen.
Jeder geistig strebende Mensch wird in den kommenden Jahren mit seinen „unerledigten Aufgaben" konfrontiert werden, um diese, im Einklang mit einer göttlichen Ordnung und vielen Botschaftern aus einer lichteren Wirklichkeit, zu meistern und sich für den „großen Umbruch" vorzubereiten.
Ein aufrüttelndes Buch, das aber gleichzeitig Mut schenkt und Hoffnung für einen lichtvollen Neubeginn macht!

Manuela Oetinger
Seelenprüfungen
ISBN 978-3-89427-875-5

Das Tor zur Seele

Der Mensch wird in jedem Augenblick seines Lebens von zahlreichen Gedankenformen, Energiefeldern und Wesenheiten umgeben. Sie alle üben mehr oder weniger starke Einflüsse auf sein Denken und Fühlen aus, jeweils abhängig von seinem individuellen Karma und seiner geistigen Reife. Wer diese Einflüsse nicht erkennt, unterliegt zweifelsohne in einem erheblichen Grad einer Fremdbestimmung.
Eine neue Dimension der Aura-Forschung, die Erkenntnisse erschließt, welche dem geistig Suchenden bisher nicht zur Verfügung standen. Ein Meilenstein!

Manuela Oetinger
Die Aura – Das Tor zur Seele
ISBN 978-3-89427-546-4
Wie man sich im täglichen Leben wirkungsvoll vor negativen Energien schützen kann

Aura-Schutz im Alltag
ISBN 978-3-89427-613-3
Aura-Schutz im Alltag CD
gesprochen von
Manuela Oetinger
ISBN 978-3-89427-473-3

Weiter Bücher und CDs von Manuela Oetinger

Beziehungen im Spiegel der Aura
ISBN 978-3-89427-282-1

Schutz- u. Heilungsgebete für Kinder
ISBN 978-3-89427-348-4

Leicht SEIN!
ISBN 978-3-89427-367-5

Gedankenkräfte
ISBN 978-3-89427-595-2

Die Aura im täglichen Leben
ISBN 978-3-89427-628-7

Transformation und Zeitenwandel
ISBN 978-3-89427-679-9

Chakras
ISBN 978-3-89427-790-1

Transformation und Zeitenwandel CD
ISBN 978-3-89427-532-7